LOUISE HAMILTON

Książka kucharska dla diabetyków

porady i przepisy, jak zdrowiej żyć

Zdjęcia: Kent Jardhammar

Tytuł oryginału: Diabeteskokboken

Zdjęcia: Kent Jardhammar
Konsultacja naukowa oraz obliczenie wartości energetycznej
i odżywczej posiłków: dr med. Mette Axelsen, dr med. Hilde Brekke
Aranżacja fotografii: Lena Söderström
Projekt graficzny: Åsa Waldton

Tłumaczenie z języka szwedzkiego: Ewa Wojciechowska
Redakcja: Hanna Grykałowska
Korekta: Danuta Piętka

ISBN 978-83-7993-148-4

REA-SJ Sp. z o.o.
Dział Handlowy
ul. Kościuszki 21, 05-510 Konstancin-Jeziorna
tel.: 22 631 94 23; fax: 22 632 21 15
e-mail: handlowy@rea-sj.pl
www.rea-sj.pl

Skład i łamanie: Studio Wydawnicze 69, Olsztyn
Druk: POZKAL, Inowrocław

Spis treści

Wstęp

„To, co zjesz dziś, jutro będzie chodzić i mówić" – zwykła mawiać moja babcia. Jako dziecko nie wiedziałam, co miała na myśli, jednak teraz doskonale rozumiem jej słowa. Stały się dla mnie szczególnie ważne, gdy w wieku 55 lat usłyszałam diagnozę „cukrzyca typu 2". To, co zjadłam wczoraj, wywarło ogromny wpływ na to, jak czuję się dziś.

Cukrzyca oznacza zmniejszoną wrażliwość komórek na insulinę (insulinoodporność). Jeśli insulinoodporność się utrzymuje, trzustka ulega przepracowaniu, funkcjonuje coraz gorzej i w końcu całkowicie przestaje pracować. Medycyna stara się temu zaradzić – mamy do dyspozycji doustne środki farmakologiczne. Czasami jednak pozostaje już tylko przyjmowanie insuliny przez zastrzyki. Mamy jednakże możliwość zahamowania lub spowolnienia rozwoju choroby. Odpowiednia dieta i wzmożona aktywność fizyczna mogą odsunąć w czasie konieczność zażywania leków. To „walka na dwa fronty" – z nadwagą i wysokim poziomem cukru we krwi.

Nadwaga wzmaga insulinoodporność, ważne jest zatem, by starać się utrzymać wagę ciała na odpowiednim poziomie. Codzienna gimnastyka lub regularny trening powodują, że organizm coraz lepiej reaguje na obecność insuliny we krwi. Rusz się więc z domu, pobiegaj, pospaceruj, lub wybierz taką formę wysiłku fizycznego, którą najbardziej lubisz.

Ponieważ utrzymujący się we krwi wysoki poziom cukru przeciąża trzustkę i podwyższa ryzyko wystąpienia chorób serca i układu krążenia, więc kolejnym zadaniem staje się dążenie do jego unormowania.

Redukcja wagi i obniżenie poziomu cukru we krwi oznaczają dla diabetyków poważne zmiany w jadłospisie. Posiłki powinny być lekkostrawne, niskotłuszczowe i pozbawione „szybkich" węglowodanów (o wysokim indeksie glikemicznym). Już po jednym dniu stosowania dobrze skomponowanej diety czujemy się lekko i wstępuje w nas energia. Po kilku dniach utwierdzamy się w przekonaniu, że naprawdę warto przyjrzeć się temu, co zjadamy każdego dnia.

Książka kucharska dla diabetyków to zestaw porad dotyczących zdrowego trybu życia oraz przepisów na smaczne i pożywne posiłki. Pisząc ją, oparłam się na własnym, 40-letnim doświadczeniu w gotowaniu i podałam w niej proste przepisy na dania, które może przygotować każdy. Dzięki nim będziesz kontrolować to, co zjadasz.

Znajdziesz w tej książce również porady, które pomogą ci rozpocząć zdrowy tryb życia. Autorkami tych porad są dr med. Mette Axelsen i dr med. Hilde Brekke z Sahlgrenska Akademin przy Uniwersytecie w Göteborgu. Kształcą one przyszłych dietetyków, prowadzą też badania naukowe nad cukrzycą i opracowują porady dla osób cierpiących na tę chorobę. Wspólnie zebrałyśmy wskazówki i przepisy – mamy nadzieję, że z nich skorzystasz!

Louise Hamilton

Cukrzyca – choroba społeczna

dr med. Mette Axelsen
i dr med. Hilde Brekke
z Sahlgrenska Akademin
przy Uniwersytecie w Göteborgu

Każdy, kto usłyszał diagnozę „cukrzyca" może na wiele sposobów wpływać na swój stan zdrowia. Będąc aktywnym fizycznie i odpowiednio się odżywiając, można zahamować rozwój choroby. Diabetyk może czuć się dobrze i cieszyć życiem. Czasem oczywiście konieczna jest kuracja za pomocą odpowiednich leków, jednak zmieniając swój tryb życia, możesz dotrzeć do miejsca, w którym tkwi przyczyna twojej choroby. Zdrowa dieta i aktywny styl życia są skutecznym „lekarstwem", przyczyniającym się do poprawy twojego samopoczucia na bardzo wielu płaszczyznach.

Cukrzyca jest globalną chorobą społeczną. Szacuje się, że w Polsce choruje na nią 2-2,5 mln ludzi. Jest jedną z podstawowych przyczyn chorób serca i układu krążenia; większość osób, które dotyka zawał, cierpi na cukrzycę. Jest też jedną z przyczyn chorób nerek, uszkodzeń wzroku. Przez nią też najczęściej wykonuje się amputacje kończyn.

Cukrzyca typu 2 jest dziedziczna, choć dziedziczność tej choroby tłumaczy jedynie jej rozprzestrzenianie się. Najistotniejszym czynnikiem mającym wpływ na rozwój choroby jest tryb życia. Odpowiednia dieta i aktywność fizyczna mogą sprawić, że u osób, które cukrzycę odziedziczyły, choroba nigdy nie wystąpi. Zapobieganie jej powinno być najważniejszym elementem walki z nią i komplikacjami, które wywołuje. Ocenia się, że liczba osób, u których zdiagnozowano cukrzycę typu 2 może być równa liczbie tych, którzy są na nią chorzy i nawet o tym nie wiedzą. Im wcześniej choroba zostanie wykryta, tym większe są możliwości zapobiegania powodowanym przez nią komplikacjom. Wielu naukowców jest zdania, że ogromne znaczenie ma odpowiednia edukacja dzieci i młodzieży. Niezależnie jednak od tego, na jakim etapie choroby rozpoczniesz zdrowy, aktywny tryb życia, będzie on miał pozytywny wpływ na jej przebieg.

Istnieją dwie przyczyny, z powodu których cukier zamiast dostać się do tkanek, zostaje zatrzymany w krwi: albo trzustka wydziela za mało insuliny, albo komórki „nie czują", że insulina jest we krwi. Ta druga przyczyna to początek cukrzycy typu 2, a zjawisko to nazywane jest insulinoodpornością. Leczenie osób chorych na cukrzycę typu 2 za pomocą diety lub leków, ma na celu przywrócenie wrażliwości komórek w tkankach na insulinę.

Gdy komórki „nie czują", że insulina znajduje się we krwi, trzustka zaczyna wydzielać jej coraz więcej i więcej, by cukier mógł zostać dostarczony do tkanek. Trzustka po prostu stara się utrzymać cukier we krwi na odpowiednim poziomie. Po jakimś czasie przestaje pracować i cukier zostaje we krwi. To właśnie jest cukrzyca.

Cukrzyca typu 1 jest chorobą autoimmunologiczną, objawiającą się tym, że organizm nie produkuje insuliny. Jest nieuleczalna. Można jednak, dzięki zdrowej diecie i aktywnemu trybowi życia, kontrolować jej objawy (wysoki poziom cukru we krwi). Osoby dotknięte cukrzycą typu 1 muszą przyjmować insulinę w postaci zastrzyków.

Cukrzyca jest chorobą, która wymaga regularnych kontroli poziomu cukru we krwi, ciśnienia, a także badania nerek, oczu i stóp. W ostatnich latach wzrosła świadomość potrzeby kontrolowania stanu zdrowia, zwłaszcza pod kątem chorób serca i układu krążenia. Jednak w dalszym ciągu najważniejszym czynnikiem zapobiegającym wystąpieniu choroby lub mającym na celu zahamowanie jej rozwoju, jest zdrowa dieta i aktywny tryb życia, o który każdy z nas musi zadbać sam.

Aktywność fizyczna

Jednym z podstawowych narzędzi służących do walki z cukrzycą jest aktywny tryb życia. Kiedy jesteś w ruchu, komórki twojego organizmu zachowują się podobnie, jak pod wpływem działania insuliny – cukier wędruje z krwi do komórek, nawet, jeśli produkcja insuliny jest ograniczona lub komórki „nie czują", że insulina znajduje się we krwi. Zarówno badania fińskich, jak i amerykańskich naukowców (DPS lub US DPP) wykazały, że zmiana trybu życia na bardziej aktywny oraz rozpoczęcie zdrowej diety przez osoby z grupy ryzyka (z niską tolerancją glukozy), minimalizuje zagrożenie wystąpienia lub rozwoju choroby dwa razy skuteczniej, niż terapia za pomocą leków.

Codzienny półgodzinny, a najlepiej godzinny, wysiłek fizyczny wpływa bardzo pozytywnie na stan zdrowia większości osób cierpiących na cukrzycę.

Nadwaga

Wielu diabetyków ma nadwagę i poważne problemy z pozbyciem się zbędnych kilogramów. Nadwaga utrudnia aktywność fizyczną, i tak błędne koło się zamyka. Próba redukcji wagi ciała jest jednak niezwykle istotna. Tłuszcz odłożony w tkankach osłabia wrażliwość komórek na insulinę, co przyspiesza rozwój choroby. Każde zrzucone 10 dkg to krok w kierunku poprawy stanu zdrowia. Każdy centymetr mniej w pasie jest sukcesem. Potraktuj tę książkę jak narzędzie, które pomoże ci schudnąć. Zorientuj się, jakie jest twoje dzienne zapotrzebowanie na energię i nie jedz więcej, niż potrzebujesz. Posiłki, które przyrządzisz na podstawie przepisów znajdujących się w tej książce, są bogate w zapewniający uczucie sytości błonnik. Sprawi on, że będziesz jeść mniej. Uważaj na zawarty w jedzeniu tłuszcz – ma on dwa razy więcej kalorii, niż białka i węglowodany.

Tak uregulujesz poziom cukru we krwi:

Zredukuj wagę ciała o 5-10%, potraktuj to jako działanie długoterminowe.

Jedz mniej tłuszczu – przede wszystkim ogranicz spożycie nasyconych kwasów tłuszczowych.

Ćwicz codziennie.

Jedz więcej błonnika zawartego w owocach, warzywach, roślinach strączkowych i nasionach.

Im rzetelniej będziesz przestrzegać tych rad, tym lepszy poziom cukru we krwi uda ci się osiągnąć (New Engl J Med 2001, Diabetologia 2006).

Zalecenia

Zarówno w Polsce, jak i na całym świecie, istnieje szereg instytucji publikujących zalecenia dla osób chorych na cukrzycę. W ramach europejskiej organizacji EASD (The European Association for the Study of Diabetes) działa specjalna jednostka, DNSG (The Diabetes and Nutrition Study Group), opracowująca wskazówki dotyczące jedzenia i aktywności fizycznej, na podstawie badań prowadzonych na grupach osób cierpiących na cukrzycę.

Zalecenia dla diabetyków mają kilka podstawowych celów, z których część wymaga indywidualnego dostosowania w zależności od pacjenta: 1) jedzenie ma zapewnić utrzymanie prawidłowej wagi ciała, co przyczynia się do długoterminowej normalizacji poziomu cukru i związków tłuszczowych we krwi, 2) jedzenie ma zadbać o wyrównanie poziomu cukru i związków tłuszczowych we krwi (szczególnie ważne w przypadku osób, którym nie udaje się schudnąć lub mają już prawidłową wagę ciała), a także, 3) jedzenie ma współgrać z podawanymi lekami, np. zapewniając odpowiedni poziom cukru we krwi w przypadku podawania insuliny. Dochodzą do tego jeszcze indywidualne zalecenia, mające na celu poprawę zdrowia i jakości życia (np. dążące do zmniejszenia ilości podawanych leków, dające możliwość spożywania pewnych konkretnych produktów), umożliwiające podróżowanie lub np. nurkowanie – wszystko w zależności od preferencji pacjenta.

Co zjadamy?

Białka

Białka wchodzą w skład wszystkich tkanek organizmu. Jest to budulec całego ciała, niezbędny dla rozwoju mięśni i organów. Biorą one również udział we wszystkich zachodzących w organizmie procesach mających związek z przemianą materii i odpornością.

Produkty bogate w białka to mięso, ryby, drób i jajka, a także rośliny strączkowe, np. fasola, groch i soczewica. Jeśli zwiększysz spożycie białek kosztem węglowodanów, bezpośrednim tego efektem będzie obniżenie poziomu cukru we krwi. Białka pod postacią chudego mięsa i chudych przetworów mlecznych dostarczają organizmowi taką samą ilość energii, co węglowodany, zapewniając równocześnie zdecydowanie większe uczucie sytości. Może to ułatwić proces redukcji wagi ciała i utrzymanie jej na prawidłowym poziomie.

Nadmiar spożytego białka zostanie zamieniony na energię, tak samo jak węglowodany i tłuszcz.

Białka powinny stanowić 10-20% codziennej porcji jedzenia. Często górna granica jest korzystniejsza, jeżeli odżywiasz się „zwyczajnie", jedząc np. mięso i ryby. 10% również dobrze wpływa na poziom cukru we krwi, np. w przypadku wegetarian jedzących dużo roślin strączkowych i produktów pełnoziarnistych. Należy pamiętać o jednym – im mniej białka zjadamy, tym posiłki powinny być bogatsze w błonnik. To zapewni utrzymanie odpowiedniego poziomu cukru we krwi.

Niektóre diety odchudzające zalecają spożycie ekstremalnie dużej ilości białek, co powoduje drastyczne zmniejszenie ilości zjadanych kalorii. Na dłuższą metę jest to niewskazane, gdyż nieurozmaicona dieta może z jednej strony powodować zachwianie równowagi minerałów w organizmie, z drugiej, ten sposób odchudzania nie przynosi długotrwałych efektów, co wykazały dotychchzas przeprowadzone badania.

Tłuszcze

Tłuszcze są niezbędne do produkcji hormonów, budowy i naprawy komórek organizmu i uwalniania rozpuszczalnych w nim witamin. Zaopatrują organizm w nienasycone kwasy tłuszczowe mające dobroczynny wpływ m.in. na ciśnienie krwi, zdolność krwi do transportowania substancji odżywczych i układ odpornościowy. Tłuszcze dostarczają też dużo energii, jednak przede wszystkim są tym, czego większość z nas spożywa zdecydowanie za dużo. Tłuszcze nasycone (tzn. tłuszcze pochodzenia zwierzęcego) wywierają negatywny wpływ na wrażliwość komórek na insulinę. Badania wykazały, że można zapobiec 20 zawałom serca na 100, wykluczając z diety same tylko tłuszcze zwierzęce. Redukcja zawartości tłuszczu w diecie ma więc pozytywny wpływ nie tylko na wagę ciała, pozwala utrzymać odpowiedni poziom cukru we krwi oraz zapobiega chorobom serca i układu krążenia.

Nie możemy oczywiście całkowicie przestać jeść tłuszcze – możemy jednak przestać jeść ich za dużo. Najwyżej 30-35% dziennej porcji kalorii powinno pochodzić z tłuszczów: 35% w przypadku osób o prawidłowej wadze, 30% dla walczących z nadwagą.

Tak ocenisz wagę ciała:

Poziom otyłości oblicza się za pomocą Body Mass Index (BMI). Podziel wagę swojego ciała przez wysokość w metrach do kwadratu. BMI powyżej 25 oznacza nadwagę. BMI powyżej 30 oznacza otyłość.

Przykładowo, jeśli spożywasz dziennie 2000 kalorii, 30% będzie oznaczało około 70 g tłuszczu. Nie więcej niż 10% energii powinno pochodzić z tłuszczów pochodzenia zwierzęcego. Równa się to 22 g tłuszczu pochodzącego z masła, śmietany lub tłustych wędlin, np. bekonu – w nich właśnie kryje się najwięcej nasyconych tłuszczów. Dla przykładu, malutka porcja zapakowanego masła, podawana np. na stołówkach, zawiera około 5 g tłuszczu. Pozostała dzienna porcja tłuszczów powinna pochodzić z innych produktów, takich jak olej rzepakowy lub oliwa, tłuste ryby (np. śledź, łosoś i makrela), orzechy, bogate w tłuszcz owoce (np. awokado, pestki słonecznika, dyni, itp.).

Węglowodany

Węglowodany są podstawowym źródłem energii dla mózgu. Zapewne zdarzyło ci się poczuć zawroty głowy i mdłości, po tym jak ominął cię posiłek, zwłaszcza przy okazji wzmożonej aktywności fizycznej. Wiele ze spożywanych przez nas podstawowych, bogatych w węglowodany produktów, jest zarówno sycących, jak i odżywczych, są to m.in. owoce i warzywa, a także bogate w błonnik nasiona. (W odróżnieniu od cukru i białej mąki, które są bardzo ubogie w substancje odżywcze i stanowią głównie źródło energii). Tradycyjnie zaleca się spożywanie dość dużej ilości węglowodanów dziennie. Powinny one stanowić aż do 60% kalorii przyswajanych w ciągu jednego dnia. Wszystko to jednak przy założeniu, że prowadzimy aktywny tryb życia. Dla osób chorych na cukrzycę węglowodany, w zależności od indywidualnych zaleceń, powinny być źródłem 45-60% dziennej porcji energii, uwzględniając częstotliwość i intensywność wysiłku fizycznego, a także zdolność kontrolowania poziomu cukru we krwi. Spora część spożywanych każdego dnia węglowodanów powinna pochodzić z owoców i warzyw. Dziś zaleca się zjadanie około 500 g tych produktów dziennie. Dla wielu z nas to całkiem spore wyzwanie. Dobroczynny wpływ warzyw i owoców na nasze zdrowie jest jednak nie do przecenienia. Ich spożywanie pozytywnie oddziałuje zarówno na wrażliwość komórek na insulinę, jak i na wagę ciała. Poza tym dostarczają one dużej ilości witamin i substancji odżywczych.

Węglowodany składają się z jednostek cukrowych, z których mogą budować krótsze lub dłuższe łańcuchy. Przykładowo, skrobia zawarta w warzywach takich jak ziemniaki, marchew czy buraki oraz nasionach, zbudowana jest z długich łańcuchów. Kiedy dostanie się do przewodu pokarmowego, zostaje rozłożona na cukier prosty (glukozę), co powoduje wzrost stężenia glukozy we krwi. Jeśli całkowicie odstawisz węglowodany, jak zalecają niektóre diety, oczywiście obniżysz poziom cukru we krwi, ale nie uda ci się w ten sposób dotrzeć do sedna problemu, czyli kwestii insulinoodporności. Nie jest to więc zalecane. Najwięcej możesz zyskać, jeśli rozłożysz spożycie węglowodanów równomiernie w ciągu całego dnia i będziesz zjadać więcej bogatych w błonnik roślin strączkowych i warzyw. Biały cukier, który dostarcza ogromnej ilości energii, należy spożywać z umiarem.

Jak sprawić, by po posiłku poziom cukru we krwi wzrósł minimalnie:

- Rozłóż spożycie węglowodanów równomiernie w ciągu całego dnia, ewentualnie ogranicz ich spożycie.
- Jedz więcej błonnika, np. pod postacią surówek, roślin strączkowych i innych warzyw.
- Równoważ posiłki bogate w węglowodany za pomocą białek i tłuszczów.
- Wyklucz z diety słodzone napoje.
- Staraj się wybierać węglowodany o niskim indeksie glikemicznym.

Błonnik

Produkty bogate w błonnik, np. owoce, rośliny strączkowe i inne warzywa oraz różnego rodzaju nasiona, zmniejszają ryzyko wystąpienia cukrzycy, raka, a także chorób serca i układu krążenia. Rozróżnia się błonnik nierozpuszczalny, który zawarty jest m.in. w chlebie i produktach pełnozbożowych oraz błonnik rozpuszczalny, który znajduje się w owocach, roślinach strączkowych, innych warzywach i nasionach, a nawet w niektórych zbożach, np. owsie i życie. Błonnik rozpuszczalny ma niemal magiczny wpływ na poziom cukru we krwi. Gdy zostanie wymieszany z wodą, w przewodzie pokarmowym zamienia się w substancję przypominającą galaretkę, która wypełnia żołądek i spowalnia przyswajanie węglowodanów. Powoduje to obniżenie poziomu cukru we krwi! Bogate w błonnik produkty dodane do każdego posiłku sprawiają, że poziom cukru we krwi utrzymuje się na stabilnym poziomie, a uczucie sytości pozostaje na dłużej. Osoby, które nie jedzą mięsa, by kontrolować cukier we krwi powinny spożywać duże ilości roślin strączkowych, np. fasoli, grochu, soczewicy. 40 g błonnika dziennie, odpowiada 8-10 porcjom warzyw i owoców. Każdy powinien starać się jeść możliwie jak najwięcej błonnika, czyli co najmniej 5 porcji owoców i warzyw dziennie oraz co najmniej 4 porcje roślin strączkowych na tydzień.

Pory posiłków

Stabilne i regularne pory posiłków to podstawa. Dzięki nim łatwiej kontrolować to, co się zjada, zapobiegają też objadaniu się niezdrowym jedzeniem pod wpływem nagłego ataku głodu. Poza tym, dużo łatwiej będzie utrzymywać prawidłowy poziom cukru we krwi, jeśli równomiernie rozłożysz spożycie węglowodanów na cały dzień. Śniadanie powinno być dość skromne, ponieważ rano wrażliwość komórek na insulinę jest stosunkowo niska. Osobom chorym na cukrzycę zdecydowanie zalecamy jedzenie przekąsek, oczywiście przy założeniu, że ich liczba będzie kontrolowana.

Różni ludzie potrzebują różnych ilości jedzenia. Waga ciała i obwód w pasie decydują o tym, jakiej ilości pożywienia potrzebujesz przy twoim trybie życia. Mamy nadzieję, że książka ta pomoże ci w tym.

Zdrowe, bogate w błonnik produkty o niskim indeksie glikemicznym to:
chleb pieczony na zakwasie, z możliwie jak największą zawartością całych ziaren, rośliny strączkowe (fasola, groch, soczewica, soja), ryż brązowy naturalny, ryż parboiled, kasza jęczmienna, bulgur, całe ziarno pszenicy, owoce.

Z naukowego punktu widzenia mamy wiele powodów do radości, wiedząc, że zamierzasz korzystać z tej książki. Proste przepisy na smaczne i zdrowe posiłki są praktycznym zastosowaniem naukowej wiedzy. Każdy z nich opisany jest pod kątem wartości energetycznej i odżywczej, a proponowane przez nas zestawienia posiłków są zgodne z najnowszymi europejskimi zaleceniami dla osób chorych na cukrzycę. Przedstawione w tej książce codzienne menu przewidziane jest dla osób, które cierpią na cukrzycę typu 2 lub starają się na nią nie zachorować. Jednak większość z nich doskonale nadaje się również dla osób chorych na cukrzycę typu 1.

Mamy nadzieję, że *Książka kucharska dla diabetyków* pomoże ci osiągnąć wyznaczony cel oraz pozwoli zrozumieć, że smaczne jedzenie może iść w parze z leczeniem cukrzycy.

Proponowane menu

Proponowane w książce przepisy możesz wykorzystać jako podstawę do skomponowania własnego codziennego menu, zalecanego zarówno dla diabetyków, jak i zdrowych osób. Poniższe przepisy odnoszą się do jednej przeciętnej porcji posiłku, zatem osobom bardzo aktywnym fizycznie polecamy zjadanie nieco większych porcji. Chodzi przede wszystkim o to, by proporcje poszczególnych składników były takie same. Możesz też wzbogacić swoje codzienne menu o pożywne przekąski. Poniżej prezentujemy przykładowe posiłki na różne dni tygodnia.

menu 1 (dzień roboczy)

Śniadanie
2 kromki razowego chleba na zakwasie, z dużą zawartością całych ziaren (po 30 g), z czego jedna z 2 plasterkami chudego żółtego sera (ok. 17%) i 4 plasterkami ogórka, druga z 2 plasterkami szynki (30 g) i krążkami papryki (30 g)
1 gruszka

Przekąska
1 jabłko

Obiad
makaron z łososiem i brokułami (str. 44)

Podwieczorek
1 banan
1 filiżanka kawy

Kolacja
pulpeciki z pastą Ajvar (str. 70)
warzywa z rusztu (str. 102)
tzatziki (str. 122)
brzoskwinia, kawa

Wszystkie posiłki zawierają łącznie 1534 kcal, w tym: 21% pozyskanej z nich energii pochodzi z **białek**, 23% z **tłuszczów** i 56% z **węglowodanów**. To odpowiednie zestawienie.

menu 2 (dzień roboczy)

Śniadanie
2 kromki razowego chleba na zakwasie, z dużą zawartością całych ziaren (po 30 g), z czego jedna z resztą pulpecików z pastą Ajvar z dnia poprzedniego (30 g) i papryką (30 g), druga z 2 plasterkami (20 g) chudego żółtego sera (ok. 17%)
1 jabłko

Przekąska
150 ml jogurtu naturalnego o niskiej zawartości tłuszczu
75 ml (25 g) musli zbożowego
25 g malin (świeżych lub rozmrożonych)

Obiad
omlet chłopski (str. 39)

Podwieczorek
1 banan

Kolacja
kurczak z warzywami „prawie z woka" (str. 63)
ryż (120 g na porcję)
1 kiwi

Dzisiejsze menu to łącznie 1504 kcal, w tym: 19% energii pochodzi z **białek**, 18% z **tłuszczów** i 63% z **węglowodanów**.

menu 3 (dzień wolny)

Śniadanie
pasta jajeczna „damska" (str. 25)
2 kromki gruboziarnistego chleba (po 30 g)
kawa z 200 ml ciepłego mleka (1,5-2%)

Przekąska
1 pomarańcza

Obiad
frittata (str. 40)

Podwieczorek
1 kanapka:
1 kromka gruboziarnistego chleba (30 g)
1 plasterek szynki z indyka (15 g)
sałata
kawa z 200 ml ciepłego mleka (1,5-2%)

Kolacja
łosoś pieczony (str. 85)
sałata letnia (str. 118)

Menu na ten dzień to 1520 kcal, w tym: 28% energii pochodzi z **białek**, 31% z **tłuszczów** i 41% z **węglowodanów**.

menu 4 (dzień wolny)

Śniadanie
śniadanie weekendowe 6 (str. 26)

Przekąska
kawa z 200 ml ciepłego mleka (1,5-2%)
1 kromka gruboziarnistego chleba (30 g)

Obiad
250 ml jogurtu naturalnego o niskiej zawartości tłuszczu
75 ml (25 g) musli zbożowego
½ banana

Kolacja
Przystawka:
sałatka z buraczków z kozim serem (str. 111)
Danie główne:
jagnięcina w ziołach (str. 80)
fasolka szparagowa z orzechami włoskimi (str. 96)
ziemniaki
Deser:
truskawki

To weekendowe menu dostarczy ci 1525 kcal, w tym: 21% energii pochodzi z **białek**, 33% z **tłuszczów** i 36% z **węglowodanów**.

Śniadanie

Pierwszy posiłek dnia traktowany jest bardzo różnie. Znam osoby, które już o siódmej rano ze smakiem zjadłyby pieczeń wołową, inne z kolei nie jedzą nic i z odrazą odwracają wzrok od, choćby maleńkiej, kanapki. Najlepszym, przeciętnym śniadaniem są dwie kromki gruboziarnistego chleba, najlepiej takiego, który zawiera dużo całych ziaren i jest upieczony na zakwasie, z serem lub plasterkiem szynki i np. pomidorem. W weekendy lub święta można pozwolić sobie na długie śniadanie. Porządnie się wyśpij i zjedz coś naprawdę dobrego.

Śniadanie w dzień roboczy

Zacznij od znalezienia chleba, który będzie ci odpowiadał. Jeśli będzie zawierał całe ziarna, zapewni ci uczucie sytości na dłużej. Ja rezygnuję z masła do śniadania. Zostawiam je sobie na później, do obiadu lub kolacji, bo odrobina masła do ciepłego posiłku sprawia mi większą przyjemność.

dwa w jednym

2 kromki gruboziarnistego chleba z całymi ziarnami, pieczonego na zakwasie (po 30 g)
30 g gotowanej lub wędzonej szynki
20 g chudego żółtego sera (ok. 17%)
sałata, ogórek, pomidor, papryka

Wartość energetyczna: 229 kcal, wartość odżywcza: 30% **białka**, 20% **tłuszczu**, 50% **węglowodanów**

lub
2 kromki gruboziarnistego chleba z całymi ziarnami, pieczonego na zakwasie (po 30 g)
1 plaster wędzonego łososia
2 plasterki wędzonego indyka
sałata, ogórek, pomidor, papryka

Wartość energetyczna: 220 kcal, wartość odżywcza: 30% **białka**, 19% **tłuszczu**, 51% **węglowodanów**

lub
2 kromki gruboziarnistego chleba z całymi ziarnami, pieczonego na zakwasie (po 30 g)
½ mielonego kotleta (z poprzedniego dnia)
1 jajko ugotowane na twardo
sałata, ogórek, pomidor, papryka

Wartość energetyczna: 248 kcal, wartość odżywcza: 24% **białka**, 28% **tłuszczu**, 48% **węglowodanów**

Możesz zjeść do śniadania jabłko lub inny owoc.

Śniadanie w weekend lub inny wolny dzień

W wolny dzień możesz zafundować sobie śniadanie, którego przygotowanie zajmie więcej czasu, ale długie siedzenie przy stole z pewnością ci to zrekompensuje. Możesz zjeść gruboziarnisty chleb i przyrządzić jako dodatek, coś naprawdę smakowitego. Jajecznica, na przykład, pasuje niemal do wszystkiego.

jajecznica

dla 1 osoby

1 jajko
1 łyżka mleka
sól
1 łyżeczka masła
lub oleju do smażenia

Roztrzep widelcem jajko z mlekiem i solą. Na niewielkim ogniu, na teflonowej patelni, rozgrzej masło lub olej. Wlej jajko i mieszaj drewnianą łyżką, aż jajecznica się zetnie. Zjedz od razu, z chlebem i dodatkami.

Wartość energetyczna jajecznicy: 123 kcal, wartość odżywcza: 25% **białka**, 70% **tłuszczu**, 5% **węglowodanów**

śniadanie weekendowe 1

Jajecznica smakuje doskonale z dodatkiem wędzonej makreli lub wędzonego śledzia. Do tego najlepsza będzie sałatka z pomidorów.

Dla 2 osób

¼ czerwonej cebuli
1 łyżeczka octu
2 średniej wielkości pomidory lub 5 małych
1 mała marchewka
1 łyżka oliwy
sól i pieprz

60 g wędzonej makreli lub wędzonego śledzia
jajecznica (str. 20)

Drobno posiekaj cebulę i włóż do miski. Skrop octem, żeby przygotować podstawę do marynaty. Posól, najlepiej solą gruboziarnistą, a potem odstaw na chwilę. Pokrój pomidory na kawałki, obierz marchewkę i zetrzyj ją na tarce o grubych oczkach. Dodaj oliwę do marynaty, wlewając ją energicznie mieszaj cebulę trzepaczką, żeby dressing zgęstniał. Dopraw go pieprzem i ewentualnie solą, dodaj pomidory i posyp startą marchewką. Wymieszaj.

Oczyść rybę i ułóż jej kawałki na talerzach. Na koniec zrób jajecznicę. Podawaj z dobrym gruboziarnistym chlebem.

Wartość energetyczna jednej porcji, wliczając jajecznicę i 2 kromki chleba: 384 kcal, wartość odżywcza: 16% **białka**, 47% **tłuszczu**, 37% **węglowodanów**

śniadanie weekendowe 2

Jajecznica z krewetkami, awokado i szczypiorkiem.

Dla 2 osób

liście różnych sałat
200 g obranych krewetek (1 garść)
1 awokado
1 pęczek szczypiorku
jajecznica (str. 20)
gruboziarnisty chleb

Opłucz i wymieszaj liście różnych sałat – zielonej sałaty, rukoli, sałaty strzępiastej, szpinaku i innych, które lubisz. Wybierz te, które mają mocny smak. Rozkrój awokado, usuń pestkę, wydrąż miąższ łyżką i pokrój na kawałki. Przełóż do miski i wymieszaj z sałatą. Posyp posiekanym lub pociętym nożyczkami szczypiorkiem. Dopraw solą gruboziarnistą, świeżo zmielonym pieprzem i na koniec skrop sokiem z ćwiartki cytryny. Podawaj z jajecznicą, krewetkami i gruboziarnistym chlebem. Czyż to nie wspaniałe śniadanie?

Wartość energetyczna jednej porcji, wliczając jajecznicę i 2 kromki chleba: 384 kcal, wartość odżywcza: 29% **białka**, 37% **tłuszczu**, 34% **węglowodanów**

śniadanie weekendowe 3

Jeśli będziesz kiedyś spędzać Boże Narodzenie w Anglii, może się zdarzyć, że ktoś poda ci takie właśnie śniadanie. To wspaniały początek dnia, zwłaszcza, gdy wybierasz się na spacer lub wycieczkę, a na zewnątrz jest zimno. Moi angielscy znajomi piją do tego śniadania herbatę, ja natomiast wolę kawę. Ma ono prawdziwie świąteczny charakter.

Dla 1 osoby

1 pomidor
1 garść pieczarek
1 jajko
1 łyżeczka masła
  lub oleju do smażenia
sól i pieprz
gruba kromka wiejskiego
  chleba

Opłucz pomidor i pokrój go na plastry. Grubo posiekaj pieczarki. Na patelni rozgrzej olej lub masło i obsmaż plastry pomidora. Dopraw solą i pieprzem. Odsuń je na brzeg patelni, po czym dodaj pieczarki i podsmaż je na dużym ogniu. Posyp solą i pieprzem. Teraz odsuń na bok pieczarki i zrób miejsce dla jajka. Połóż na kromce chleba sadzone jajko, plasterki pomidora i trochę pieczarek. Ładnie nakryj stół i podaj sztućce. To nie jest kanapka, którą je się rękami.

Wartość energetyczna: 280 kcal, wartość odżywcza: 19% **białka**, 34% **tłuszczu**, 47% **węglowodanów**

śniadanie weekendowe 4

Pasta jajeczna „męska" nieodzownie musi się znaleźć na każdym szwedzkim stole. Owszem, jest bardzo smaczna, z dodatkiem cebuli i anchois – ale kobiety w mojej rodzinie wprowadziły wariant tej pasty o nieco łagodniejszym smaku, dlatego nazywamy ją pastą jajeczną „damską". Obydwa jej rodzaje smakują doskonale i mogą znaleźć się na niedzielnym śniadaniowym stole.

pasta jajeczna „męska"

To doskonałe danie na śniadanie świąteczne lub w sytuacji, gdy w domu nagle pojawi się dużo gości. Świetne również na śniadanie zjadane w pojedynkę.

Dla 2 osób

1 jajko
4-6 filetów anchois
½ czerwonej cebuli
koperek
2 kromki gruboziarnistego chleba (po 30 g)

Gotuj jajko 10 minut, potem opłucz je zimną wodą, obierz i posiekaj. Pokrój anchois na małe kawałeczki, drobno posiekaj koperek i cebulę. Dobrze wymieszaj i zjedz na kromce chleba.

Wartość energetyczna jednej porcji: 251 kcal, wartość odżywcza: 19% **białka**, 27% **tłuszczu**, 54% **węglowodanów**

pasta jajeczna „damska"

dla 2 osób

1 jajko
200 g krewetek (1 garść)
½ czerwonej cebuli
50 g czerwonego kawioru
1 łyżeczka drobno posiekanego koperku
2 kromki gruboziarnistego chleba (po 30 g)

Gotuj jajko przez 10 minut, potem opłucz je zimną wodą, obierz i posiekaj. Pokrój krewetki i drobno posiekaj cebulę. Wymieszaj wszystkie składniki i posyp pociętym nożyczkami koperkiem. Posmaruj kromkę chleba solidną warstwą pasty.

Jeśli bardzo chcesz – a znam osoby, które chcą koniecznie – możesz dodać odrobinę majonezu. Najlepszy będzie ten, który zrobisz sam/sama – patrz przepis na str. 125.

Wartość energetyczna jednej porcji (bez majonezu): 306 kcal, wartość odżywcza: 43% **białka**, 15% **tłuszczu**, 42% **węglowodanów**

śniadanie weekendowe 5

Pokrojona na paseczki sałata lodowa wymieszana z porem i krewetkami to znakomite śniadanie na sobotę, niedzielę lub święto. Posmaruj chleb odrobiną domowego majonezu.

Dla 2 osób

200 g krewetek (1 garść)
ok. 5 cm pora
200 ml pokrojonej na paseczki sałaty lodowej
2 łyżeczki majonezu
2 kromki gruboziarnistego chleba (po 30 g)

Pokrój krewetki na kawałki, pora opłucz i posiekaj. Wymieszaj wszystkie składniki. Posmaruj chleb majonezem i nałóż porcję sałatki.

Wartość energetyczna jednej porcji: 271 kcal, wartość odżywcza: 35% **białka**, 20% **tłuszczu**, 45% **węglowodanów**

śniadanie weekendowe 6 ▷

To najbardziej luksusowe śniadanie, jakie można przyrządzić wiosną. Najlepiej smakuje jedzone na balkonie lub tarasie.

Dla 1 osoby

1 jajko
5 świeżych zielonych szparagów
1 łyżeczka masła
1 kromka gruboziarnistego chleba (30 g)
2 plasterki łagodnej wędzonej szynki
liście sałaty, najlepiej szpinaku

Ugotuj jajko na miękko (gotuj około 4 minuty, jeśli włożysz je do zimnej wody). Szparagi lekko obsmaż na maśle, na teflonowej patelni, na małym ogniu. Podpiecz kromkę chleba w tosterze, potem połóż na niej plasterki szynki i liście sałaty lub szpinaku. Obierz i rozkrój jajko, połóż je na talerzu obok kromki chleba, razem ze szparagami. Jedz i rozkoszuj się doskonałym smakiem rozpływającego się w ustach żółtka, szynki i szparagów!

Wartość energetyczna: 308 kcal, wartość odżywcza: 27% **białka**, 33% **tłuszczu**, 40% **węglowodanów**

Obiad

Obiad. Chwila oddechu w nerwowym dniu, okazja, by trochę odpocząć i wyciszyć się. Korzystam z tych momentów całkowicie skupiając uwagę na jedzeniu. Żadnej gazety, żadnego radia; towarzystwo i rozmowa tylko wówczas, gdy mam na nie ochotę. I tak właściwie zawsze, niezależnie od tego, czy jest to obiad w ważnym towarzystwie, zjadany w pojedynkę w domu, czy z kolegami w pracy na zapleczu.

Stołówki i bary szybkiej obsługi słyną z tłustego jedzenia. Makarony skąpane w śmietanie, ziemniaki smażone w morzu podłej margaryny. Unikaj takich miejsc. Znajdź bar oferujący bufet ze świeżymi sałatkami i dużą ilością warzyw, gdzie sos podawany jest osobno.

Jeśli nie korzystasz z gotowych posiłków, np. pracujesz w domu, i chcesz chwilę odpocząć podczas obiadu, z pewnością jego przygotowanie nie powinno być pracochłonne.

Przyrządzenie posiłku musi być zatem proste i niewymagające zbyt wiele czasu.

Zupa

Zupa jest daniem, które można zmieniać w nieskończoność, od bardzo prostego, po niezwykle wyrafinowane. Zazwyczaj bardzo łatwo ugotować zupę na obiad ze składników, które akurat uda się znaleźć w lodówce. Zjedz ją z dwiema kromkami gruboziarnistego chleba z serem lub szynką, a na deser jakiś owoc. Posiłek będzie wówczas kompletny. Zaczynamy od prostej zupy warzywnej. Wystarczy jej dla dwóch osób.

zupa warzywna

dla 2 osób

1 cebula
2 duże marchewki (ok. 200 g)
1 pasternak (ok. 100 g)
kawałek selera (ok. 100 g)
250 ml zielonego groszku
15 cm pora (ok. 150 g)
2 łyżki posiekanej natki pietruszki
1 łyżka oleju
1 kostka rosołowa
sól, pieprz
750 ml wody

Posiekaj cebulę i marchewkę; pasternak i seler obierz i pokrój w kostkę. Por pokrój na plasterki. Posiekaj natkę pietruszki.

W rondlu zeszklij cebulę na oleju, dodaj marchewkę, smaż przez chwilę, potem dodaj pasternak i seler. Wymieszaj. Po kilku minutach wlej 500 ml wody i wrzuć kostkę rosołową. Gotuj do momentu, aż warzywa trochę zmiękną (nie powinny być ugotowane do miękkości). Wlej resztę wody i groszek, a kiedy groszek się ogrzeje, dodaj por i natkę pietruszki. Gotuj na małym ogniu jeszcze przez kilka minut. Dopraw solą i pieprzem.

Wartość energetyczna jednej porcji: 207 kcal, wartość odżywcza: 15% **białka**, 30% **tłuszczu**, 55% **węglowodanów**

krem z zielonego groszku

Ta zupa może być twoim kołem ratunkowym. (Zielony groszek można znaleźć prawie w każdej domowej zamrażarce). Najlepiej oczywiście smakuje ugotowana z groszku świeżego, z dodatkiem odrobiny śmietany.

Dla 2 osób

1 cebula
1 łyżka masła
1 kostka rosołowa
750 ml wody
250 ml zielonego groszku
sól i pieprz
2 łyżki śmietany 12-18-procentowej

Posiekaj cebulę i zeszklij na maśle w rondlu. Nie powinna się zrumienić. Wlej wodę, dodaj kostkę rosołową i zamieszaj. Jeśli chcesz, dopraw solą i pieprzem. Potem dodaj groszek i gotuj zupę na małym ogniu, a kiedy groszek zmięknie, zmiksuj ją na gładki krem. Dodaj śmietanę i ewentualnie jeszcze trochę soli i pieprzu. Udekoruj gałązką koperku i podaj z kromką gruboziarnistego chleba.

Wartość energetyczna jednej porcji bez chleba: 135 kcal, wartość odżywcza: 18% **białka**, 49% **tłuszczu**, 33% **węglowodanów**

krem z pomidorów

Tę zupę możesz przyrządzić z pomidorów świeżych lub z puszki. Oczywiście, najlepsza będzie z dojrzałych, smacznych i pachnących pomidorów.

Dla 2 osób

1 puszka pomidorów lub 3-4 świeże
1 cebula
1 łyżka oliwy
przyprawa typu vegeta
ew. woda
1 ząbek czosnku
natka pietruszki i świeża bazylia
sól i świeżo zmielony pieprz

Sparz pomidory i obierz ze skórki. Rozkrój, wydrąż pestki i odkrój zieloną część. Resztę miąższu posiekaj. Jeśli używasz pomidorów z puszki, zmiksuj je, żeby wydobyć z nich jak najwięcej smaku. Obierz cebulę i drobno posiekaj, a potem zeszklij na oleju, w niewielkim rondlu. Dodaj pomidory i gotuj chwilę na bardzo małym ogniu. Jeśli robisz zupę ze świeżych pomidorów, dodaj około 250 ml wody. Dodaj przyprawę i gotuj jeszcze chwilę. Drobno posiekaj ząbek czosnku, natkę pietruszki i listki bazylii. Dodaj do zupy. Wlej trochę wody, jeśli krem jest za gęsty. Dopraw solą i pieprzem.

Wartość energetyczna jednej porcji: 103 kcal, wartość odżywcza: 11% **białka**, 55% **tłuszczu**, 34% **węglowodanów**

zupa z soczewicy i marchewek

Dla 2 osób

100 ml czerwonej soczewicy
2 kostki rosołowe
1 cebula
1 ząbek czosnku
2 duże marchewki
1 łyżka oleju
750 ml wody
świeżo starty imbir (2 cm)
2 łyżeczki posiekanej natki pietruszki
sól i pieprz

Opłucz soczewicę i ugotuj w wodzie z dodatkiem 1 kostki rosołowej. Gotuj na małym ogniu, uważając, by soczewica się nie rozpadła – wówczas straci smak. Obierz i posiekaj cebulę i czosnek, marchew zetrzyj na tarce o grubych oczkach. Obierz i drobno zetrzyj imbir. Lekko podsmaż cebulę, czosnek i marchew, potem dodaj imbir, razem z sokiem, który wyciekł podczas ścierania. Wlej $1/2$ l wody i dodaj kostkę rosołową. Gotuj do momentu, aż zmięknie marchewka. Posiekaj natkę pietruszki i dodaj do zupy. Odłóż kilka gałązek do dekoracji. Jeśli chcesz, dopraw zupę solą i pieprzem. Na koniec dodaj ugotowaną i odcedzoną soczewicę. Dodaj ewentualnie trochę wody.

Wartość energetyczna jednej porcji: 207 kcal, wartość odżywcza: 19% **białka**, 29% **tłuszczu**, 52% **węglowodanów**

zupa rybna

Dla 2 osób

3 marchewki
por (15 cm)
2-3 łodygi selera naciowego
1 łyżka oliwy
750 ml bulionu rybnego (ugotuj go z resztek ryb oraz warzyw rosołowych, dopraw solą i pieprzem)
1 łyżeczka nasion kopru
300 g ryby (najlepiej różne gatunki)
1 łyżeczka posiekanego koperku

Obierz marchewki i pokrój je na paseczki. Oczyść por i pokrój na paseczki tej samej długości, co marchewki. Nożykiem do ziemniaków obierz łodygi selera – ich zewnętrzna warstwa jest bardzo włóknista – a potem pokrój tak, jak por i marchewki.

Lekko podsmaż warzywa na oliwie, nie powinny się zrumienić. Wlej do nich bulion rybny i roztarte w moździerzu nasiona kopru. Gotuj wywar przez kilka minut, jeśli chcesz, dopraw go solą i pieprzem. Pokrój rybę na kawałki i dodaj do zupy. Gotuj jeszcze przez chwilę, ale cały czas zaglądaj do garnka. Zupa będzie gotowa, kiedy kawałki ryby przestaną być przezroczyste. Posyp ją posiekanym koperkiem. Możesz zjeść zupę z kromką gruboziarnistego chleba.

Wartość energetyczna jednej porcji bez chleba: 333 kcal, wartość odżywcza: 37% **białka**, 37% **tłuszczu**, 26% **węglowodanów**

minestrone

Włoska zupa minestrone może przybierać różne postacie. Z moich doświadczeń wynika, że zawsze jest w niej wędzone mięso, pomidory i makaron. Pozostałe warzywa zmieniają się w zależności od miejsca i pory roku. Kup te, które akurat są dostępne – fasola i groszek, koper włoski, papryka, a może nawet cukinia.

Dla 2 osób

- ok. 300 ml ugotowanego drobnego makaronu (risoni, świderki, kokardki, itp.)
- 1 cebula
- 2 ząbki czosnku
- 1 duża marchewka
- 1 mały seler
- 1 pasternak
- 100 g wędzonej szynki
- 2 łyżeczki posiekanej natki pietruszki
- 1 łyżka oliwy
- 1 puszka pomidorów bez skórki (całych)
- 1 kostka rosołowa
- ½ litra wody

Ugotuj makaron al dente w lekko osolonej wodzie. Odcedź i odstaw.

Posiekaj cebulę i czosnek. Obierz marchew, seler, pasternak i pokrój je w kostkę. Szynkę pokrój na małe kawałki. Posiekaj natkę pietruszki. W rondlu rozgrzej oliwę i podsmaż na niej cebulę i czosnek. Nie powinny się zrumienić. Dodaj szynkę i smaż jeszcze chwilę. Potem dodaj pokrojone w kostkę warzywa i dokładnie wszystko wymieszaj. Dodaj pomidory. Gotuj chwilę na bardzo małym ogniu, potem wlej wodę i dodaj kostkę rosołową. Trzepaczką lub drewnianą łyżką rozdrobnij pomidory. Dopraw solą i pieprzem. Dopiero teraz dodaj makaron i posyp zupę posiekaną natką pietruszki.

Wartość energetyczna jednej porcji: 370 kcal, wartość odżywcza: 22% **białka**, 26% **tłuszczu**, 52% **węglowodanów**

Potrawy z jajek

Jajko to wspaniała potrawa. Ma wielkość jednej porcji, jest tanie i pełne odżywczych składników. Nadaje się niemal do wszystkiego. Z jajek możesz przyrządzić np. omlet na obiad. Możesz też oczywiście wybrać jajecznicę. Odpowiednie przepisy znajdziesz w rozdziale „Śniadanie".

omlet chłopski

Od zwykłego różni się tym, że jego przygotowanie zaczynasz od wrzucenia na patelnię różnych składników, które dopiero na końcu zalejesz masą jajeczną. Mogą to być ugotowane ziemniaki, cebula, por, pomidory lub inne warzywa, które akurat masz pod ręką. To bardzo sycący i smaczny posiłek, który możesz przygotować na wiele różnych sposobów. Poniżej przepis na jeden z nich.

Dla 2 osób

3 jajka
3 łyżki wody
sól
biały pieprz
2 pomidory
3 ugotowane zimne ziemniaki
1 cebula
por (15 cm)
1 łyżka posiekanej natki pietruszki
1 łyżeczka masła lub oleju do smażenia
suszone zioła – tymianek i estragon
2 kromki gruboziarnistego chleba

Wbij jajka do miski, dodaj wodę, sól, pieprz i dokładnie wymieszaj widelcem.

Pokrój pomidory na cząstki, a ziemniaki na plasterki. Posiekaj cebulę i pokrój por na krążki. Posiekaj natkę pietruszki.

Na patelni (najlepiej teflonowej) rozgrzej masło lub olej, zeszklij na nim cebulę, potem dodaj ziemniaki, pomidory i por. Smaż chwilę, cały czas mieszając. Dopraw solą i pieprzem, posyp suszonymi ziołami. Wlej masę jajeczną, rozprowadź równomiernie po powierzchni patelni i smaż na średnim ogniu, do momentu aż omlet stężeje. Możesz na chwilę nakryć patelnię pokrywką.

Podaj omlet z kromką gruboziarnistego chleba i surówką.

Wartość energetyczna jednej porcji: 425 kcal, wartość odżywcza: 18% **białka**, 26% **tłuszczu**, 56% **węglowodanów**

omlet francuski

Podaję przepis podstawowy. Ja dodaję do niego trochę wody, pomimo głosów, że nie jest to omlet „naprawdę francuski". Moim zdaniem jest wtedy bardziej puszysty i smaczniejszy. Możesz go przyrządzić z dowolnym nadzieniem (szparagi, pieczarki). Ja często smażę go bez nadzienia i kładę na kromce gruboziarnistego chleba.

Dla 2 osób

3 jajka
3 łyżki wody
sól
biały pieprz
1 łyżeczka masła
2 kromki gruboziarnistego chleba

Wbij jajka do miski, dodaj wodę, sól, pieprz i dokładnie wymieszaj widelcem.

Roztop masło na patelni, najlepiej teflonowej, wlej masę jajeczną i smaż omlet na średnim ogniu. Od czasu do czasu podnoś jego brzegi, żeby płyn dostał się pod spód. Kiedy omlet się zetnie i będzie miał z wierzchu kremową konsystencję, złóż go na pół i połóż na kromce chleba. Możesz go podać z surówką.

Wartość energetyczna jednej porcji bez surówki: 281 kcal, wartość odżywcza: 21% **białka**, 37% **tłuszczu**, 42% **węglowodanów**

frittata ▷

To włoski wariant omletu, który też może być przyrządzony na wiele sposobów. Moim ulubionym dodatkiem jest szpinak, choć niektórzy dodają kiełbasę. Ze zwykłym omletem łączy frittatę konsystencja – daje się kroić w paski lub kawałki „tortu".

Dla 2 osób

3 jajka
70 g szpinaku, świeżego lub mrożonego
1 łyżka startego żółtego sera (o wyraźnym smaku)
świeżo zmielony czarny pieprz
1 łyżeczka oleju do smażenia
2 kromki gruboziarnistego chleba

Wbij jajka do miski. Opłucz i osusz liście szpinaku, jeśli używasz mrożonego, rozmroź i odsącz jak najwięcej wody. Grubo go posiekaj. Zetrzyj ser na tarce o grubych oczkach, a potem dodaj do jajek razem ze szpinakiem. Dopraw solą. Rozgrzej olej na patelni i wlej masę jajeczną. Dopilnuj, żeby frittata usmażyła się równo z każdej strony. Kiedy stężeje, odwróć ją i smaż jeszcze chwilę. Kiedy będzie gotowa, pokrój ją na dowolnej wielkości kawałki. Zjedz z gruboziarnistym chlebem i surówką. Smakuje również na zimno.

Wartość energetyczna jednej porcji: 326 kcal, wartość odżywcza: 23% **białka**, 41% **tłuszczu**, 36% **węglowodanów**

Makaron

Na makaronie zawsze można polegać. Jest tani, smaczny i znajdzie się dla niego miejsce w każdej kuchni. Pasuje też niemal do wszystkiego. Zaczynamy więc od najprostszego dania obiadowego.

makaron z zielonym groszkiem

Użyj dowolnego makaronu, to danie ma coś wspólnego ze sprzątaniem kuchni.

Dla 1 osoby

100 g mrożonego zielonego groszku
70 g suchego makaronu (ok. 300 ml ugotowanego)
sól
czarny pieprz
1 łyżeczka oliwy
1 łyżka startego żółtego sera
świeże zioła

Rozmroź groszek w letniej wodzie, a potem przełóż do miski.

Ugotuj makaron al dente, wrzątek z makaronu wlej do groszku i poczekaj, aż groszek się ogrzeje, po czym odcedź go na sicie lub durszlaku. Do makaronu dodaj łyżeczkę najlepszej oliwy jaką masz, posyp świeżo zmielonym pieprzem i dobrze wymieszaj. Dodaj groszek. Nałóż makaron z groszkiem do głębokiego talerza i posyp ulubionym żółtym serem. Zjedz ze świeżymi lub suszonymi ziołami.

Wartość energetyczna jednej porcji: 387 kcal, wartość odżywcza: 19% **białka**, 20% **tłuszczu**, 61% **węglowodanów**

tagliatelle z marchewką, porem i szynką

Dla 2 osób

1 ząbek czosnku
2 łyżki jogurtu naturalnego
2 łyżki sosu chili
świeżo zmielony
czarny pieprz
sól
por (15 cm)
1 duża marchewka
200 g gotowanej szynki
140 g suchego makaronu
tagliatelle (ok. 300 ml
ugotowanego, na porcję)
1 łyżka oleju
sól

Posiekaj czosnek, zmieszaj z jogurtem i sosem chili, dopraw solą i świeżo zmielonym pieprzem. Wstaw sos do lodówki.

Opłucz por, rozkrój go wzdłuż i pokrój na paseczki. Obierz marchewkę, po czym pokrój ją na wiórki nożykiem do obierania ziemniaków lub łopatką do sera.

Pokrój szynkę w kostkę, makaron ugotuj al dente.

Lekko podsmaż por i marchewkę na oleju, dopraw solą i pieprzem, po czym wlej do nich łyżkę wody z makaronu. Odcedź makaron i wymieszaj go z warzywami. Podawaj od razu w głębokich talerzach, posyp makaron kawałkami szynki i polej sosem.

Wartość energetyczna jednej porcji: 464 kcal, wartość odżywcza: 28% **białka**, 16% **tłuszczu**, 56% **węglowodanów**

pappardelle z łososiem i brokułami ▷

To potrawa nadająca się na przyjęcie – dla sąsiadów, kolegów z pracy.

Dla 2 osób

2 łyżki jogurtu tureckiego
skórka starta z 1 limonki
250 ml różyczek brokułu
1 łyżeczka masła
150 g wędzonego łososia
140 g suchego makaronu
(ok. 300 ml ugotowanego,
na porcję)

Dokładnie umyj limonkę, po czym zetrzyj skórkę na tarce lub obierz nożykiem do obierania ziemniaków, i pokrój skórkę na cieniutkie paseczki. Wymieszaj z jogurtem i wstaw do lodówki.

Opłucz różyczki brokułu, podziel je na dość drobne cząstki, a potem ugotuj na parze lub w wodzie. Nie gotuj długo, powinny pozostać sprężyste. Sprawdź je wykałaczką.

Pokrój łososia na kawałki. Ugotuj makaron al dente, a potem wymieszaj z łososiem i brokułami. Podawaj z łyżką jogurtu z limonką.

Wartość energetyczna jednej porcji: 464 kcal, wartość odżywcza: 25% **białka**, 28% **tłuszczu**, 47% **węglowodanów**

linguini z cebulą, pomidorami i mozzarellą

To jedno z moich ulubionych dań z makaronem; lekko spłaszczone linguini z najprostszym sosem pomidorowym. Możesz dodać do makaronu mozzarellę lub dowolny biały ser.

Dla 2 osób

1 duża cebula
4 duże dojrzałe pomidory lub dobrego gatunku pomidory w puszce (całe)
1 łyżeczka posiekanej papryczki chili
2 łyżki oliwy
2 ząbki czosnku
sól
czarny pieprz
przyprawa typu vegeta

140 g suchego makaronu (ok. 300 ml ugotowanego, na porcję)
100 g mozzarelli
świeże listki bazylii

Posiekaj cebulę. Jeśli używasz świeżych pomidorów, sparz je i obierz, a potem pokrój na kawałki. Opłucz i pokrój na małe kawałeczki papryczkę chili – dokładnie wydrąż pestki i białe włókna, posiekaj tylko czerwony miąższ. Jeśli jest to bardzo ostra odmiana, rób to ostrożnie – po pokrojeniu jej dokładnie umyj ręce, deskę do krojenia i nóż.

Rozgrzej oliwę na patelni i zeszklij na niej cebulę. Nie powinna się zrumienić. Dopraw solą i pieprzem, dodaj pomidory, potem czosnek i papryczkę. Dodawaj ją małymi porcjami, w zależności od odmiany może być mniej lub bardziej ostra. Jeśli chcesz, dopraw sos przyprawą typu vegeta.

Ugotuj makaron al dente, a po odcedzeniu nałóż do głębokich talerzy, dodaj sos i posyp serem. Na koniec udekoruj listkami bazylii. Smacznego!

Wartość energetyczna jednej porcji: 551 kcal, wartość odżywcza: 18% **białka**, 38% **tłuszczu**, 44% **węglowodanów**

Sałatki

Lekka ich wersja może składać się tylko z samych liści sałaty i doskonale nadaje się wtedy na obiad w ciepłe dni. Natomiast wariant bardziej sycący może zawierać ugotowane ziemniaki i wiele innych warzyw – niektóre sałatki możesz podawać jako dodatek do kolacji.

sałatka z łososiem i zimnymi ziemniakami

Sałatka przyrządzona z różnych, znalezionych w lodówce składników, jest daniem bardzo praktycznym i smacznym na ciepły dzień. Łosoś – wędzony, mrożony lub świeży, to moje ulubione jedzenie i zawsze mam jego zapas w domu. W tym przepisie polecam kilka plastrów łososia wędzonego, jeśli jednak wolisz pieczonego lub smażonego, np. z kolacji z poprzedniego dnia, możesz go oczywiście użyć.

Dla 2 osób

1 jajko
150 g wędzonego łososia w plastrach
3-4 ugotowane zimne ziemniaki
1 czerwona papryka
1 mała czerwona cebula
1 łyżka posiekanego koperku
½ główki sałaty lodowej
świeżo zmielony pieprz
¼ cytryny

Gotuj jajko 4 minuty, a potem włóż do naczynia wypełnionego zimną wodą. Kiedy wystygnie, obierz i podziel na 4 cząstki.

Pokrój plastry łososia na kawałki, obierz ziemniaki i pokrój w kostkę. Opłucz paprykę, rozkrój ją, wydrąż nasiona i białe włókna, po czym pokrój miąższ na paseczki. Rozdrobnij liście sałaty, drobno posiekaj cebulę i koperek. Ułóż kawałki łososia na talerzach, a na nie nałóż wymieszane ze sobą warzywa. Udekoruj ćwiartkami jajka. Na koniec posyp świeżo zmielonym pieprzem i skrop sokiem z cytryny. To bardzo smaczna i sycąca sałatka. Jeśli dopadł cię wilczy głód, zjedz ją z kromką gruboziarnistego chleba.

Wartość energetyczna jednej porcji: 328 kcal, wartość odżywcza: 30% **białka**, 36% **tłuszczu**, 34% **węglowodanów**

sałatka mieszana z awokado

Jest to sałatka, w której mieszają się różne smaki i konsystencje. Łagodne kremowe awokado ze świeżym, słodkim smakiem papryki, leśny zapach pieczarek i chrupiące paseczki groszku cukrowego. Do tego odrobina octu, który dodatkowo podkreśli wszystkie smaki.

Dla 4 osób

150 g świeżych liści szpinaku
1 główka zielonej sałaty
½ główki sałaty strzępiastej
¼ główki sałaty lodowej
1 czerwona papryka
1 żółta papryka
1 czerwona cebula
300 ml groszku cukrowego
500 ml pieczarek
2 łyżki posiekanego koperku

1 łyżka octu
3 łyżki oliwy
1 awokado
sól i pieprz

Opłucz liście wszystkich sałat i osusz je na czystej ściereczce. Umyj papryki, rozkrój je, usuń nasiona i wszystkie białe włókna, a potem pokrój je na paseczki. Drobno posiekaj cebulę i koperek. Groszek cukrowy pokrój na paseczki, każdy strączek na 3. Pieczarki obierz i pokrój na plasterki.

Przygotuj dresing. Wlej ocet do miski i energicznie ubijając trzepaczką, cienką strużką dodawaj oliwę. Dopraw solą i pieprzem.

Awokado podziel na 2 części, usuń pestkę i wydrąż miąższ łyżką. Pokrój go na ładne plasterki.

Ułóż liście sałat na dużym półmisku, posyp je paseczkami papryki, potem pieczarkami i groszkiem cukrowym. Na wierzchu ułóż ładny wzór z plasterków awokado. Dresing wlej do osobnego naczynia, np. sosjerki. Podaj sałatkę jako przystawkę lub dodatek do innej potrawy.

Jeśli chcesz, żeby stała się samodzielnym daniem obiadowym, dodaj do niej wędzoną szynkę lub łososia i kromkę gruboziarnistego chleba.

Wartość energetyczna jednej porcji: 196 kcal, wartość odżywcza: 13% **białka**, 64% **tłuszczu**, 23% **węglowodanów**

sałatka z łososiem i ziarnem quinoa

Dla 2 osób

- 100 ml suchego ziarna quinoa
- 150 g wędzonego łososia w plastrach
- 1 żółta lub czerwona papryka
- 1 mała czerwona cebula
- ½ główki sałaty lodowej
- 1 awokado
- 2 łyżeczki octu
- sól i świeżo zmielony czarny pieprz

Opłucz ziarno quinoa pod ciepłą bieżącą wodą, aby usunąć goryczkę. Płucz je przez kilka minut, a potem ugotuj w lekko osolonej wodzie – ok. 10 minut; przyglądaj się małym ziarnom, kiedy zaczynają pękać, są gotowe. Odcedź je na gęstym sicie.

Pokrój łososia na kawałki. Opłucz i przekrój paprykę, usuń pestki i białe włókna, a miąższ pokrój na paseczki. Drobno posiekaj cebulę. Rozkrój awokado na 2 części, usuń pestkę, miąższ wydrąż łyżką i pokrój na plasterki. Sałatę lodową pokrój na paseczki. Posyp cebulą, potem ułóż wzór z kawałków papryki i plasterków awokado. Na wierzchu rozłóż kawałki łososia. Posyp ziarnem quinoa i skrop octem. Dopraw solą i pieprzem.

Wartość energetyczna jednej porcji: 407 kcal, wartość odżywcza: 29% **białka**, 43% **tłuszczu**, 28% **węglowodanów**

sałatka drobna

Drobne liście sałaty, drobne pomidory i drobna soczewica – to bardzo smaczna sałatka.

Dla 2 osób

- 1 litr sałaty o drobnych liściach
- 100 ml zielonej soczewicy
- 1 kostka rosołowa
- 150 g pomidorków koktajlowych
- 1 mała czerwona cebula
- sól i czarny pieprz
- 1 łyżeczka octu
- 1 łyżka oliwy

Opłucz liście sałaty i rozłóż na czystej ściereczce, żeby wyschły.

Soczewicę gotuj w wodzie z kostką rosołową (ok. 10 minut), pilnując, by się nie rozgotowała. Pokrój pomidorki na połówki, drobno posiekaj cebulę, po czym wymieszaj te dwa składniki w misce. Posyp solą i świeżo zmielonym pieprzem. W małej miseczce wymieszaj ocet z oliwą i tak powstałym dresingiem polej pomidory. Dodaj soczewicę i liście sałaty. Wymieszaj.

Wartość energetyczna jednej porcji: 209 kcal, wartość odżywcza: 23% **białka**, 28% **tłuszczu**, 49% **węglowodanów**

sałatka z fasoli

Istnieje niemal niekończąca się ilość odmian fasoli – czarna, biała, czerwona, duża lub drobna – każda z nich jest bardzo odżywcza i świetnie nadaje się do przyrządzenia sałatki. Do poniższego przepisu najczęściej używam drobnej białej fasolki, możesz jednak użyć tej, którą lubisz najbardziej. Suchą fasolę należy namoczyć, najlepiej na 8 godzin, a potem trzeba ją gotować przez około 40 minut. Fasola z puszki jest już ugotowana – to praktyczne, lecz jeśli ugotujesz ją samodzielnie, będzie dużo smaczniejsza i o wiele tańsza. Sałatkę z fasoli możesz przechowywać w lodówce kilka dni.

6 porcji

200 g suchej białej fasoli lub 400 g ugotowanej
nasiona kopru włoskiego
4 duże pomidory, najlepiej śliwkowe
1 cebula
1 ząbek czosnku
50 ml posiekanej natki pietruszki
2 łyżki oliwy
2 łyżeczki octu jabłkowego lub świeżo wyciśniętego soku z cytryny
sól i pieprz

Namoczoną fasolę (8 godzin) opłucz i ugotuj z nieosolonej wodzie. Jeśli wrzucisz do niej kilka nasion kopru, fasola stanie się lżejsza do strawienia. Ugotowanie jej do miękkości potrwa około 40 minut, pilnuj jednak, żeby się nie rozgotowała. Jeśli używasz fasoli z puszki, dokładnie ją wypłucz w zimnej wodzie. Opłucz pomidory i pokrój na kawałki. Usuń pestki. Drobno posiekaj cebulę i czosnek. Opłucz i posiekaj pietruszkę. W dużej misce wymieszaj ugotowaną fasolę z czosnkiem, cebulą i pomidorami. W osobnym naczyniu przygotuj dresing z octu i oliwy. W pierwszej kolejności wlej ocet, a potem energicznie ubijając trzepaczką, cienką strużką wlewaj oliwę. Dopraw solą i pieprzem. Dodaj dresing do sałatki i dokładnie wymieszaj. Na koniec posyp zieloną pietruszką.

Wartość energetyczna jednej porcji: 153 kcal, wartość odżywcza: 22% **białka**, 27% **tłuszczu**, 51% **węglowodanów**

Kolacja

Okoliczności przygotowywania kolacji bywają bardzo różne. Niektóre wieczory możesz spędzić w kuchni w spokoju krojąc marchewkę, kiedy indziej wpadasz do domu z ogromnym uczuciem głodu i jak najszybciej chcesz coś zjeść. Wybraliśmy więc przepisy, które będą odpowiednie do każdej z takich właśnie sytuacji. W pierwszej kolejności proponujemy te najprostsze, a potem coraz trudniejsze do przygotowania i wymagające więcej czasu, choć i one są bardzo praktyczne, biorąc pod uwagę fakt, że kolacja według nich przyrządzona wystarczy na kilka dni.

Przepisy najprostsze

Jedną z pierwszych rzeczy, których uczymy się we własnej kuchni jest przyrządzanie sosu z mielonego mięsa. Dla wielu to ulubione jedzenie z czasów dzieciństwa. Mięsny sos jest standardową potrawą, którą można zmieniać w nieskończoność. Możesz przygotować go z gotowego mielonego mięsa kupionego w sklepie, albo kupić mięso w kawałku i bardzo drobno je posiekać. Pomidory, które dodasz do sosu mogą być z puszki lub świeże. Dodaj do niego dużo przypraw, przede wszystkim czosnek. Każdy może wybrać to, co lubi najbardziej.

spaghetti z sosem mięsnym

To klasyczne, lubiane przez dzieci danie. Jeśli przygotujesz dużo sosu, może on stać w lodówce przez kilka dni. Możesz też od razu ugotować więcej makaronu i w następne dni po prostu go podgrzewać.

10 porcji

- 3 puszki obranych pomidorów (całych)
- 1 łyżeczka drobno posiekanej świeżej papryczki chili
- 3 cebule
- 3 łyżki oleju rzepakowego lub oliwy
- sól i pieprz
- 1 łyżka estragonu, świeżego posiekanego lub suszonego
- 600 g chudego mielonego mięsa
- 1 łyżka sproszkowanej ostrej papryki
- 1 łyżka sproszkowanej słodkiej papryki

Zmiksuj pomidory na gładką masę. Opłucz papryczkę chili, rozkrój ją, usuń pestki i białe włókna, a miąższ drobno posiekaj. Potem dokładnie umyj ręce, deskę do krojenia i nóż. Posiekaj cebulę, po czym podsmaż na oleju lub oliwie, na małym ogniu w dużym garnku. Dopraw solą, pieprzem i estragonem, a potem odstaw na bok.

Podsmaż mięso bez tłuszczu, najlepiej na dużej żeliwnej patelni. Starannie je rozdrobnij i dopilnuj, żeby dobrze się zrumieniło, sos z ugotowanego mięsa nie będzie smaczny. Jeśli nie masz wystarczająco dużej patelni, smaż mięso na raty. Kiedy mięso będzie już usmażone, dopraw je solą, pieprzem, ostrą i słodką papryką, potem przełóż do garnka z podsmażoną cebulą, dodaj pomidory i dobrze wymieszaj. Na koniec dopraw sos posiekaną papryczką chili. Dodawaj ją porcjami, żeby sos nie był za ostry. Jeśli jest zbyt gęsty, rozcieńcz go wodą lub bulionem z kostki rosołowej. Dodaj świeże lub suszone przyprawy i zago-

1 łyżka bazylii, świeżej posiekanej lub suszonej
1 łyżka oregano, świeżego posiekanego lub suszonego
3 ząbki czosnku
woda lub bulion z kostki

tuj sos. Obierz i drobno posiekaj czosnek, dodaj go na końcu. Udekoruj gałązkami oregano. Podawaj z makaronem ugotowanym al dente, np. spaghetti lub innym.

Wartość energetyczna jednej porcji wraz z makaronem (ok. 300 ml ugotowanego): 404 kcal, wartość odżywcza: 23% **białka**, 21% **tłuszczu**, 56% **węglowodanów**

sos mięsny z warzywami

10 porcji

2 cebule
1 marchewka
1 pasternak
1 mały seler
2 puszki obranych pomidorów (całych)
3 łyżki oliwy
2 łyżki przecieru pomidorowego
sól i pieprz
500 g chudego mielonego mięsa
1 łyżka przyprawy chili
po 1 łyżeczce suszonych ziół – estragonu, bazylii, oregano
bulion z kostki
2 ząbki czosnku

Obierz i posiekaj cebulę i marchewkę. Pasternak i seler zetrzyj na tarce o grubych oczkach. Zmiksuj pomidory na gładką masę. Zeszklij cebulę na oliwie w dużym garnku. Nie powinna się zrumienić. Odsuń ją na bok, dodaj przecier pomidorowy i smaż chwilę, cały czas mieszając. Potem dodaj grubo starte warzywa i podsmaż je do miękkości, dodaj pomidory i wszystko dobrze wymieszaj. Dopraw solą i pieprzem. Odstaw garnek na bok, na bardzo mały ogień.

Podsmaż mięso bez tłuszczu. Mieszaj, pilnując, by się równo zrumieniło. Dopraw solą, pieprzem i przyprawą chili. Podsmażone mięso dodaj do warzyw i wymieszaj. Dodaj przyprawy i trochę bulionu, jeśli sos jest zbyt gęsty. Tak przygotowany sos powinien gotować się na najmniejszym ogniu przez co najmniej 2 godziny. Mieszaj co jakiś czas, żeby się nie przypalił. Pod koniec dodaj posiekany czosnek, ewentualnie dopraw solą i pieprzem.

Podawaj z makaronem i zieloną sałatą.

Wartość energetyczna jednej porcji wraz z makaronem (ok. 300 ml ugotowanego): 392 kcal, wartość odżywcza: 21% **białka**, 20% **tłuszczu**, 59% **węglowodanów**

sos pomidorowy

Możesz ugotować bezmięsny sos do makaronu, w sam raz dla wegetarian.

Dla 4 osób

1 cebula
½ marchewki
1 mały seler
1 mały pasternak
1 puszka obranych pomidorów (całych)
por (10 cm)

50 ml zielonej soczewicy (suchej)
50 ml ziarna quinoa (suchego)
2 łyżki oliwy
sól i pieprz
1 łyżka przyprawy typu vegeta lub warzywko
1 łyżka suszonego estragonu
1 łyżka suszonej bazylii
1 łyżka suszonego oregano
2 ząbki czosnku
1 łyżka tymianku
4 łyżki jogurtu (10% tłuszczu)

Posiekaj cebulę, obierz marchew, seler, pasternak i zetrzyj na tarce o grubych oczkach. Zmiksuj pomidory na gładką masę. Opłucz por i pokrój go na plasterki. Ugotuj soczewicę (ok. 10 minut), odcedź ją. Opłucz ziarno quinoa na sicie, pod strumieniem gorącej wody, a potem gotuj około 10 minut. Zaglądaj do niego; kiedy ziarna zaczną się otwierać, będą już gotowe. Rozgrzej oliwę w dużym garnku, zeszklij cebulę, potem dodaj starte warzywa i smaż na małym ogniu kilka minut. Dodaj pomidory, wymieszaj i gotuj jeszcze kilka minut, potem dodaj soczewicę i ziarno quinoa. Dopraw solą, pieprzem, suszonymi ziołami i ewentualnie przyprawą typu vegeta, jeśli chcesz. Gotuj sos na możliwie jak najmniejszym ogniu, im dłużej, tym będzie smaczniejszy. Pod koniec gotowania dodaj posiekany czosnek, tymianek i por. Gotuj jeszcze przez chwilę.

Podawaj z pełnoziarnistym makaronem i z odrobiną greckiego lub tureckiego jogurtu.

Wartość energetyczna jednej porcji wraz z makaronem (ok. 300 ml ugotowanego): 430 kcal, wartość odżywcza: 16% **białka**, 19% **tłuszczu**, 65% **węglowodanów**

Potrawy z kurczaka

Mięso kurczaka lubiane jest zarówno przez dorosłych, jak i dzieci, łatwo jest też przyrządzać z niego urozmaicone dania. W sprzedaży dostępne są kurczaki z hodowli ekologicznych, które są zazwyczaj nieco większe, bardziej soczyste i o wiele smaczniejsze, niż te z masowych hodowli. Jeśli kurczak jest za duży na jeden posiłek, porcjuję go i zamrażam. Wówczas wystarcza on zazwyczaj na dwa posiłki dla czterech osób.

kurczak pieczony z cytryną w brzuchu

Najprostszym sposobem na przyrządzenie kurczaka jest włożenie go w całości do piekarnika. Nie trzeba wtedy już nic robić. Aby miał bardziej wykwintny smak, wkładam mu do brzucha całą cytrynę, której aromat przenika do mięsa. Doskonałym dodatkiem do tak upieczonego kurczaka jest ryż z warzywami (przepis na str. 98).

Dla 6 osób

1 duży kurczak (ok. 2½ kg)
2 cytryny
sól i pieprz
50 ml posiekanych świeżych lub suszonych ziół – bazylii, oregano, szałwii, estragonu

Umyj i osusz kurczaka. Odetnij zwisającą skórę i kuper, z których wytapia się dużo niesmacznego tłuszczu. Rozkrój jedną cytrynę i natrzyj nią kurczaka z zewnątrz, potem posyp go solą i pieprzem. W moździerzu utrzyj zioła z solą i natrzyj nimi kurczaka od środka. Drugą cytrynę dokładnie umyj, nakłuj w wielu miejscach widelcem i włóż do brzucha kurczaka. Ułóż kurczaka na kratce do pieczenia, pod spód wsuń blachę, by ściekał na nią tłuszcz i piecz w piekarniku nagrzanym do temperatury 200°C około 45 minut. Nakłuj udko wykałaczką, by sprawdzić, czy mięso jest upieczone. Wyciekający sok powinien być klarowny. Jeśli w trakcie pieczenia zbytnio się zrumieni, nakryj go folią. Po upieczeniu wyjmij i odstaw na kilka minut. Podawaj z zieloną sałatą i ryżem z warzywami (przepis na str. 98).

Wartość energetyczna jednej porcji wraz z ryżem: 518 kcal, wartość odżywcza: 25% **białka**, 30% **tłuszczu**, 45% **węglowodanów**

kurczak z warzywami „prawie z woka"

Jeśli nie masz woka, wystarczy zwykła patelnia. Sama często używam patelni teflonowej, ale nie nagrzewa się ona tak bardzo, jak wok. Wówczas warzywa będą „prawie z woka". Wybierz warzywa, które akurat są dostępne i które lubisz, pomyśl jednak o tym, aby miały różny smak. Twój wybór zweryfikuje aktualny sezon i ewentualni goście.

Dla 6 osób

2½ marchewki
2 pasternaki
500 ml różyczek kalafiora
250 ml różyczek brokułu
15 cm pora
2 papryki, najlepiej żółta i czerwona
1 cebula
3 łyżki oliwy
2 duże piersi z kurczaka (ok. 400 g)
sól i pieprz
1 łyżka słodkiej papryki
2 łyżeczki imbiru, suszonego i świeżo startego

2 łyżki japońskiego sosu sojowego
bulion z kostki

Umyj i obierz marchew i pasternak, a potem przekrój wzdłuż i pokrój na półplasterki. Opłucz kalafior i brokuł, podziel na drobne różyczki. Usuń grubą, zewnętrzną część łodygi, a wewnętrzną pokrój w kostkę i dodaj do różyczek. Możesz dorzucić do nich nawet liście, jeśli są świeże i ładne. W przypadku brokułu możesz też pokroić łodygę w całości, ale obierz ją nożykiem do obierania ziemniaków. Umyj kawałek pora i pokrój go na plasterki. Opłucz papryki, rozkrój je, usuń pestki i białe włókna, a miąższ pokrój na paseczki. Cebulę obierz i podziel na cząstki.

Na patelni lub w woku rozgrzej dwie łyżki oliwy. Najpierw obsmaż na niej marchew i pasternak, a potem przełóż do dużego garnka. Dopraw solą i pieprzem. Potem to samo zrób z cząstkami cebuli, różyczkami brokułu i kalafiora oraz paseczkami papryki. Wszystkie warzywa przekładaj do garnka, po czym odstaw go na bok.

Umyj filety i odkrój wszystkie ścięgna. Pokrój mięso na podłużne, skośne kawałki. Rozgrzej na patelni resztę oliwy i usmaż na niej mięso. Dopraw solą, pieprzem, papryką i sproszkowanym imbirem, po czym przełóż do garnka z warzywami. Wymieszaj mięso z warzywami, wlej trochę bulionu, kilka łyżek sosu sojowego i postaw garnek na małym ogniu. Mieszaj i smaż, aż kawałki kurczaka będą usmażone w środku. Obierz i zetrzyj kawałek świeżego imbiru, wyciśnij sok i dodaj do reszty składników. Dobrze wymieszaj i ewentualnie dopraw jeszcze solą i pieprzem. Podawaj z ryżem.

Wartość energetyczna jednej porcji wraz z ryżem (ok. 200 ml ugotowanego): 416 kcal, wartość odżywcza: 23% **białka**, 17% **tłuszczu**, 60% **węglowodanów**

pieczony kurczak z sosem pomidorowym

Dobrym sposobem na przygotowanie dania dla licznych gości jest podzielenie całego kurczaka na porcje i wstawienie ich do piekarnika. To wygodne, poza tym pieczony kurczak zawsze jest smaczny. Danie to podawane z surówką świetnie sprawdza się latem. Doskonałą przystawką będą surowe warzywa podane z dipem (przepis na str. 120).

Dla 8 osób

1 duży kurczak (ok. 2 kg) lub 2 mniejsze
50 ml sosu sojowego
2 łyżeczki octu
1 łyżka słodkiej papryki
2 łyżeczki soli
świeżo zmielony pieprz

2 cebule
1 łyżka oliwy
2 puszki obranych pomidorów (całych) lub 6 świeżych
sól i pieprz
bulion z kostki
2 ząbki czosnku
100 ml posiekanej świeżej natki pietruszki lub bazylii

Podziel kurczaka na porcje, ale nie wycinaj kości. Włóż je do brytfanny. W miseczce wymieszaj sos sojowy, ocet, paprykę, sól, pieprz, i tak powstałym sosem posmaruj pędzelkiem każdy kawałek. Wstaw mięso do piekarnika rozgrzanego do temperatury 175°C na około 45 minut. Sprawdź, czy mięso jest upieczone wbijając w nie wykałaczkę. Wypływający sok powinien być klarowny. Najdłużej pieką się udka, więc sprawdź je w pierwszej kolejności. Kiedy piersi będą upieczone, wyjmij je, a resztę zostaw jeszcze w piekarniku. Żeby nie wystygły, zawiń je w folię aluminiową i ogrzewaj na parze.

Obierz cebulę i pokrój na cząstki, potem rozgrzej na patelni trochę oliwy i podsmaż cebulę. Nie powinna się zrumienić. Dodaj pomidory i rozgnieć je widelcem. Gotuj sos na bardzo małym ogniu, przez kilka minut, po czym dopraw solą i świeżo zmielonym pieprzem, a jeśli jest zbyt gęsty, rozcieńcz go bulionem. Na koniec dodaj posiekany czosnek i posyp pietruszką lub bazylią, a najlepiej jednym i drugim.

Podawaj z ryżem lub ziemniakami.

Wartość energetyczna jednej porcji wraz z ryżem (ok. 200 ml ugotowanego): 465 kcal, wartość odżywcza: 27% **białka**, 26% **tłuszczu**, 47% **węglowodanów**

kurczak gotowany w winie

To wyrafinowane danie z kurczaka, które stworzyliśmy w oparciu o wiele różnych doświadczeń. Możesz ugotować go w mleku, będzie wówczas równie smaczny, jednak my zdecydowanie wolimy wariant nieco lżejszy. Obowiązkowym dodatkiem są sparzone świeże liście szpinaku. Jako przystawkę możesz podać sałatkę z fasolki szparagowej i włoskich orzechów. A na deser może truskawki?

Dla 6 osób

1 duży kurczak, najlepiej z hodowli ekologicznej (ok. 2½ kg)
sól i pieprz
500 ml białego wytrawnego wina
500 ml dobrego bulionu
50 g masła
chleb, 3 kromki (po 30 g) na osobę

1 kg świeżego szpinaku lub 500 g mrożonego (w liściach)
3 łyżki posiekanej natki pietruszki

Umyj i osusz kurczaka, potem odetnij zwisającą skórę i odkrój kuper. Natrzyj całego kurczaka solą i pieprzem. Na patelni, najlepiej żeliwnej, roztop połowę masła i obsmaż na nim kurczaka z każdej strony. Wylej tłuszcz, który pozostał po smażeniu. Resztę masła roztop w brytfannie, którą potem wstawisz do piekarnika. Włóż do niej kurczaka brzuchem do góry. Wymieszaj wino z bulionem i wlej do brytfanny. Przytnij papier do pieczenia tak, by powstał kawałek odpowiedni do przykrycia brytfanny. Zwilż go pod kranem i nakryj nim brytfannę tak, jak pokrywką. Postaraj się jak najciaśniej zamocować go wokół brzegów. Wstaw brytfannę do piekarnika rozgrzanego do temperatury 125°C na 90 minut.

Opłucz i osusz liście szpinaku. Jeśli używasz mrożonki, wyjmij ją z zamrażarki odpowiednio wcześniej. W dużym garnku zagotuj lekko osoloną wodę, po czym wrzuć do niej szpinak na 2 minuty. Odcedź liście na durszlaku i opłucz zimną wodą. Kiedy kurczak będzie gotowy, wyjmij go z brytfanny i połóż na dużym półmisku. Wywar przecedź przez sito i wlej do rondla. Zagotuj go, a potem dopraw według uznania. Nałóż na talerze porcję liści szpinaku, a na jej wierzchu połóż kawałek kurczaka. Jest tak kruchy, że niemal się rozpada. Polej go doprawionym wywarem. Na koniec posyp posiekaną natką pietruszki. Podawaj z dobrym gruboziarnistym chlebem.

Wartość energetyczna jednej porcji wraz z 3 kromkami chleba: 517 kcal, wartość odżywcza: 27% **białka**, 34% **tłuszczu**, 39% **węglowodanów**

Potrawy z wołowiny i wieprzowiny

Trudno jest zdobyć naprawdę dobrej jakości czerwone mięso, ale jeśli zadasz sobie trud, z pewnością nie pożałujesz. Zawsze staram się kupować mięso z hodowli ekologicznej, które jest droższe, ale smakuje o wiele lepiej. Dużo smaczniejsze niż szynki i steki jest mięso z przedniej ćwiartki, zazwyczaj jest też nieco tańsze. Pamiętaj, że przyrządzenie czerwonego mięsa zajmuje dużo czasu.

mielone kotlety z grilla

Jedno z moich ulubionych dań na lato to grillowane mielone kotlety z wołowiny. Zawsze są tak samo smaczne! Postaraj się zdobyć mięso z hodowli ekologicznej, przekonasz się, że na grillu będzie pachniało zupełnie inaczej. Jako dodatek podaj zieloną sałatę, a na przystawkę np. ugotowane czerwone buraczki.

Dla 6 osób

1 cebula
600 g chudej mielonej wołowiny
sól i pieprz
młode ziemniaki
sałatka colesław

Obierz cebulę i zetrzyj na tarce. Wymieszaj z mielonym mięsem, dopraw farsz solą i pieprzem. Uformuj z niego sześć równej wielkości kotletów. Ułóż je na desce do krojenia i na czas rozpalania grilla wstaw do lodówki.

Dopilnuj, żeby grill był porządnie rozgrzany. Przesuń rozżarzone węgle na jedną stronę, żeby na kratce było trochę miejsca o niższej temperaturze. Rozłóż kotlety na gorącej części kratki (nad węglem), a kiedy zrumienią się od spodu, ostrożnie je odwróć. Gdy będą równo przypieczone, przesuń je na drugą, chłodniejszą stronę kratki. Smaż je przez jakiś czas, co chwilę obracając, aż będą upieczone, ale nie przypalone. Na parę minut przed końcem smażenia nakryj grill pokrywką.

Podawaj kotlety z zieloną sałatą, młodymi ziemniakami i sałatką colesław (przepis na str. 124).

Wartość energetyczna jednej porcji wraz z 2 średniej wielkości ziemniakami i sałatką colesław: 430 kcal, wartość odżywcza: 24% **białka**, 38% **tłuszczu**, 38% **węglowodanów**

pulpeciki z pastą Ajvar

Jadłam je pewnego wietrznego, zimowego dnia w restauracji StadshusKällaren w Sztokholmie. To prawdziwie rozgrzewające i poprawiające nastrój danie. Eksperymentowałam kilka razy, by zrównoważyć składniki, zwłaszcza smaczną pastę paprykową – Ajvar – łagodną lub ostrą. Najlepiej samemu ustalić proporcje.

Dla 6 osób

1 duża cebula
1 ugotowany zimny ziemniak
1 jajko
600 g mielonej wołowiny
2-3 łyżki pasty Ajvar
sól i pieprz
1 łyżka masła

Obierz cebulę i zetrzyj na tarce. Ziemniak starannie rozgnieć widelcem, wbij jajko i wymieszaj na gładką masę. Cebulę, ziemniak z jajkiem i pastę Ajvar dokładnie wymieszaj z mięsem, dopraw solą i świeżo zmielonym pieprzem. Uformuj jeden mały pulpecik i usmaż go na próbę, by sprawdzić, czy farsz jest odpowiednio przyprawiony. Kiedy uznasz, że farsz jest gotowy, uformuj z niego dwanaście podłużnych pulpecików. Ułóż je na desce do krojenia. Na patelni roztop masło i smaż na nim pulpeciki, po kilka naraz. Często je obracaj, żeby każdy miał ładną rumianą skorupkę. Przełóż je do naczynia żaroodpornego i wstaw do piekarnika rozgrzanego do temperatury 175°C na około 15 minut.
Podawaj z ziemniakami i dowolną sałatką, ciepłą lub zimną.

Wartość energetyczna jednej porcji wraz z 2 średniej wielkości ziemniakami: 320 kcal, wartość odżywcza: 30% **białka**, 29% **tłuszczu**, 41% **węglowodanów**

pulpety o smaku jagnięciny w sosie pomidorowym

Jeśli tęsknisz za smakiem jagnięciny, a nie możesz jej dostać, zrób małe oszustwo. To danie smakuje zupełnie tak, jakby zostało podane na greckiej wyspie. Wystarczy trochę fantazji.

Dla 6 osób

1 cebula
1 łyżka oliwy
1 puszka pomidorów
sól i pieprz
1 łyżka przyprawy typu vegeta lub warzywko
oregano

1 cebula
2-3 kromki czerstwego białego chleba
1 jajko
2 ząbki czosnku
600 g chudej wołowiny
sól i czarny pieprz
1 gałązka rozmarynu

Zacznij od przygotowania sosu pomidorowego. Obierz i grubo posiekaj cebulę, a potem zeszklij ją na oliwie, na małym ogniu. Dodaj pomidory i gotuj do momentu, aż całkiem się rozpadną. Dopraw solą i pieprzem. Jeśli chcesz, możesz doprawić sos przyprawą typu vegeta lub warzywko. Pamiętaj jednak, że do sosu włożysz później pulpety, które też będą przyprawione. Dodaj oregano i gotuj jeszcze kilka minut na bardzo małym ogniu.

Teraz przygotuj pulpety:
Obierz cebulę i zetrzyj na tarce. Podziel chleb na mniejsze kawałki i włóż do miski, zalej kilkoma łyżkami wody i wbij do nich jajko. Mieszaj trzepaczką, aż chleb się rozpuści. Dodaj startą cebulę i wymieszaj. Posiekaj czosnek. Oderwij listki rozmarynu od łodyżki, odłóż kilka do dekoracji, a resztę posiekaj, po czym przełóż do moździerza, razem z czosnkiem i szczyptą dobrej gruboziarnistej soli. Utrzyj wszystko na jednolitą masę, a potem włóż do miski z resztą składników. Dołóż jeszcze trochę soli i świeżo zmielonego pieprzu. Na koniec dodaj mielone mięso i jeszcze raz wszystko wymieszaj. Z gotowego farszu uformuj 12 pulpetów i włóż wszystkie do garnka z sosem pomidorowym. Gotuj na małym ogniu, aż będą ugotowane w środku. Możesz dodać jeszcze trochę czosnku. Udekoruj listkami rozmarynu. Podawaj z zieloną sałatą i kromką gruboziarnistego chleba lub ryżem.

Wartość energetyczna jednej porcji wraz z ok. 200 ml ugotowanego ryżu: 471 kcal, wartość odżywcza: 25% **białka**, 22% **tłuszczu**, 53% **węglowodanów**

pieczeń rzymska

Pieczeń rzymska może mieć wiele odmian, zależnie od tego, co kto lubi najbardziej. Jeśli dodasz do farszu trochę warzyw, będzie bardziej krucha, niż upieczona z samego tylko mięsa. Wypróbuj różne warianty – w końcu znajdziesz swój ulubiony. Przykładowym dodatkiem do farszu są pieczarki i papryka.

Dla 6 osób

1 cebula
1 czerwona papryka
300 ml pieczarek
50 ml tartej bułki
sól i świeżo zmielony biały pieprz
600 g mieszanego mięsa mielonego
1 łyżka słodkiej papryki
1 łyżeczka masła

1 łyżka mączki arrowroot (kupisz ją w sklepach z żywnością ekologiczną)
2 łyżeczki zalewy z ogórków konserwowych
1 łyżeczka konfitury z brusznic lub żurawiny

Obierz i posiekaj cebulę. Umyj paprykę, rozkrój ją, usuń pestki i wszystkie białe włókna, a miąższ pokrój w kostkę. Posiekaj pieczarki. Wsyp tartą bułkę do miski i dodaj do niej trochę wody. Dodaj cebulę, paprykę i pieczarki. Wymieszaj drewnianą łyżką. Dopraw sproszkowaną papryką, solą i pieprzem. Dodaj mięso i całość dokładnie wymieszaj. Farsz powinien być dość rzadki, jeśli więc jest zbyt zwarty, dodaj trochę wody. Nasmaruj masłem podłużne naczynie żaroodporne, nałóż farsz i uformuj z niego bochenek. Piecz w piekarniku nagrzanym do temperatury 175°C około 45 minut. Sprawdź, czy pieczeń jest gotowa – powinna być zwarta i elastyczna, a wyciekający z niej sok powinien być klarowny. Ostrożnie wyjmij ją z naczynia żaroodpornego i połóż na półmisku. Nakryj folią aluminiową i postaw np. na garnku, w którym gotują się ziemniaki, żeby nie wystygła. Sos z pieczeni przelej do rondelka i, energicznie mieszając trzepaczką, zagęść mączką arrowroot, rozmieszaną z łyżką wody. Zagotuj sos, po czym od razu zdejmij go z ognia. Jeśli chcesz, dopraw solą i pieprzem. Dwie łyżeczki wywaru z ogórków konserwowych oraz jedna łyżka konfitury z brusznic lub żurawiny poprawią smak zwykłego brązowego sosu do pieczeni.
Podawaj z ziemniakami, warzywami na ciepło w trzech kolorach (przepis na str. 101), kiszonymi ogórkami oraz konfiturą z brusznic lub żurawiny. Na deser zazwyczaj jemy lody.

Wartość energetyczna jednej porcji wraz z 2 średniej wielkości ziemniakami: 358 kcal, wartość odżywcza: 26% **białka**, 35% **tłuszczu**, 39% węglowodanów

schab gotowany w warzywach

To bardzo prosty przepis, doskonały na niedzielę, dla każdego, kto lubi mięso wieprzowe. Schab według tego przepisu, właściwie przyrządza się sam, powolutku się gotuje roztaczając smakowity zapach w całym domu. Warzywa na ciepło w trzech kolorach, jako dodatek, są nie do pobicia (przepis na str. 101).

Dla 6 osób

800 g schabu bez kości
½ marchewki
1 mały kawałek selera
1 mały pasternak
1 cebula
sól i biały pieprz
1 łyżka słodkiej papryki
1 łyżeczka sproszkowanego imbiru
1 łyżeczka suszonej lub świeżej posiekanej szałwii
2 łyżki masła
woda
1 łyżka mąki pszennej
ew. kostka rosołowa

Umyj i osusz mięso. Obierz marchew, seler i pasternak, a potem pokrój na kawałki. Obierz cebulę, pokrój na cząstki. Wymieszaj wszystkie suche przyprawy i natrzyj nimi mięso. W brytfannie roztop masło i podsmaż na nim schab z każdej strony. Dodaj warzywa i obsmaż je razem z mięsem, potem wlej trochę wody, tyle, żeby jej poziom w brytfannie wynosił kilka centymetrów. Wbij w mięso termometr kuchenny, nakryj brytfannę pokrywką i postaw na małym ogniu. Od czasu do czasu zaglądaj do środka i podlewaj mięso wodą. Schab musi być upieczony w środku. Zazwyczaj zdejmuję go z ognia, gdy termometr wskazuje około 80°C czyli po około 45 minutach.

Gotowy schab przełóż na półmisek lub deskę, najlepiej taką, która zbierze wyciekający z niego podczas krojenia sok. Dodaj go do wywaru. Nakryj mięso folią aluminiową, żeby nie wystygło. Zlej wywar wraz z warzywami do rondla, zagotuj go, dopraw solą i pieprzem. Rozmieszaj mąkę z odrobiną wody, po czym dodaj ją do sosu i energicznie wymieszaj trzepaczką. Jeśli sos jest zbyt gęsty, rozcieńcz go wodą, ewentualnie bulionem z kostki rosołowej.

Podawaj z ziemniakami i warzywami na ciepło w trzech kolorach.

Wartość energetyczna jednej porcji wraz z 2 średniej wielkości ziemniakami: 313 kcal, wartość odżywcza: 41% **białka**, 16% **tłuszczu**, 42% **węglowodanów**

grillowana polędwica wieprzowa z ananasem

Z reguły nie przepadam za polędwicą wieprzową, poza tym jest droga. Ale upieczona na grillu smakuje świetnie! Mięso jest dość delikatne i nie należy go smażyć zbyt długo, ponieważ stanie się suche. Musi jednak być upieczone w środku. Wieprzowiny nie powinno się jeść na surowo. Mówiąc krótko – mięso powinno być w sam raz, więc pilnuj go przez cały czas. Ananas z grilla doda potrawie ciekawy smak. Jako przystawka doskonale pasuje sałatka z czerwonych buraczków i koziego sera (przepis na str. 111).

Dla 4 osób

1 kawałek polędwicy wieprzowej, ok. 600 g
1 ząbek czosnku
3 łyżki sosu sojowego
1 łyżka octu
1 puszka ananasa (we własnym soku)
5 ziarenek czarnego pieprzu
posiekana natka pietruszki

Umyj i osusz mięso. Obierz ząbek czosnku i pokrój na cienkie plasterki. Do miseczki wlej sos sojowy i ocet, wymieszaj z 2 łyżkami soku z ananasa, dodaj czosnek i ziarenka pieprzu. W tak przygotowanej marynacie obtocz cały kawałek polędwicy, po czym wstaw na jakiś czas do lodówki.

Przygotuj grill. Zadbaj o to, żeby był porządnie rozgrzany. Przesuń rozżarzone węgle na jedną stronę, żeby na kratce było trochę miejsca, gdzie będzie nieco chłodniej. Wyjmij mięso z lodówki, osusz ściereczką lub papierowym ręcznikiem, a potem połóż na grillu. Obracaj, żeby zrumieniło się równomiernie z każdej strony. Najpierw obsmaż mięso na gorącej części kratki, a potem przełóż je na chłodniejszą stronę. Najlepiej, jeśli polędwica będzie się piekła pod przykryciem, aż do momentu, gdy stanie się zwarta i będzie wyciekał z niej klarowny sok.

Plastry ananasa podpiecz obok mięsa. Gotową polędwicę przełóż na deskę do krojenia i pozwól jej trochę ostygnąć. Posyp posiekaną natką pietruszki. Podawaj z ananasem, ziemniakami i zieloną sałatą.

Wartość energetyczna jednej porcji wraz z 2 średniej wielkości ziemniakami: 331 kcal, wartość odżywcza: 42% **białka**, 9% **tłuszczu**, 49% **węglowodanów**

Potrawy z jagnięciny

Jagnięcina jest przepyszna! Krucha, soczysta i bardzo smaczna. W tym przypadku również wolę mięso z przedniej ćwiartki.

jagnięcina w ziołach

Przepis ten znam od mężczyzny, z którym rozmawiałam pewnego dnia, stojąc w kolejce do działu mięsnego. Jak się później dowiedziałam od sprzedawczyni, mężczyzna w żółtym krawacie zawsze kupował mięso z przedniej ćwiartki. Powiedziała mi też, że jeśli będę je smażyć powoli na małym ogniu, będzie dużo bardziej soczyste, niż steki. Natychmiast zapamiętałam tę radę. Do jagnięciny doskonale pasuje sałatka z fasoli (przepis na str. 52), najlepiej z dodatkiem dobrego gruboziarnistego chleba i zieloną sałatą.

Dla 6 osób

1 ½ kg łopatki jagnięcej
200 ml posiekanych świeżych ziół – rozmarynu, szałwii, oregano, bazylii, tymianku
5 ząbków czosnku
3 łyżki oliwy
sól i czarny pieprz

Oczyść mięso i odetnij widoczny tłuszcz, a potem włóż do brytfanny i natrzyj oliwą, solą i pieprzem. Obierz ząbki czosnku i obłóż nimi mięso. Na koniec obsyp je posiekanymi ziołami, po czym wstaw do piekarnika rozgrzanego do temperatury 150°C na około 1 ½ godziny. Po godzinie możesz zacząć sprawdzać, czy mięso jest już gotowe. Powinno być bardzo kruche.
Podaj z sałatką z fasoli, dobrym gruboziarnistym chlebem, sałatą, np. z dodatkiem świeżych liści szpinaku i np. z pieczonymi w piekarniku pomidorami.

Wartość energetyczna jednej porcji wraz z 1 kromką gruboziarnistego chleba i porcją sałatki z fasoli: 504 kcal, wartość odżywcza: 26% **białka**, 46% **tłuszczu**, 28% **węglowodanów**

jagnięcina w piwie

Innym sposobem na przyrządzenie łopatki jagnięcej jest upieczenie jej w nietypowej marynacie, która potem stanie się podstawą smacznego sosu. To naprawdę bardzo smaczne, obiecuję!

Dla 6 osób

2 cebule
1 1/2 kg łopatki jagnięcej
1 butelka Portera
lub innego ciemnego piwa
3 ząbki czosnku
sól i czarny pieprz

Obierz cebule i pokrój na cząstki. Oczyść mięso, a potem rozkrój tak, żeby zrobił się z niego jeden równej grubości plaster. Wyłóż dno naczynia żaroodpornego kawałkami cebuli, rozłóż na nich mięso, a potem zalej piwem (0,33 l). Posyp mięso solą i pieprzem, gdzieniegdzie poutykaj ząbki czosnku. Nakryj naczynie folią spożywczą i wstaw do lodówki na 3-5 godzin.
Nastaw piekarnik na temperaturę 175°C i wstaw do niego mięso, kiedy będzie jeszcze zimny. Teraz jagnięcina będzie się powoli piec i roztaczać przyjemny zapach w całym domu. Po godzinie odkrój kawałeczek mięsa i sprawdź, czy jest już gotowe. Powinno być bardzo kruche. Upieczoną jagnięcinę przełóż na półmisek. Wywar zmiksuj razem z cebulą, a powstanie bardzo smaczny sos. Jeśli trzeba, dopraw go solą, pieprzem, ewentualnie bulionem i ulubionymi przyprawami. Jeśli jest zbyt gęsty, rozcieńcz go wodą. Nikt nie odgadnie z czego się składa!
Jako dodatek najlepiej nadają się ziemniaki lub ryż. Podaj też sezonowe warzywa, np. sałatkę letnią (przepis na str. 118) lub jarzynę na ciepło, jeśli na zewnątrz jest chłodno i deszczowo.

Wartość energetyczna jednej porcji wraz z 2 średniej wielkości ziemniakami: 457 kcal, wartość odżywcza: 23% **białka**, 49% **tłuszczu**, 28% **węglowodanów**

Potrawy z ryb

Koniecznie jedz ryby! – świeże lub mrożone Są lekkostrawne, pożywne i smaczne. Ryby tłuste, np. łosoś, śledź i makrela raczej nie nadają się do zamrożenia, dlatego staraj się je zjadać świeże. Ryby o białym mięsie (np. dorsz), możesz kupować mrożone.

łosoś lub makrela nadziewane warzywami

Do przyrządzenia tej potrawy potrzebna jest cała wypatroszona ryba, wraz z głową, najlepiej makrela lub łosoś. Doskonale smakuje również na zimno. Jeśli jej trochę zostanie, możesz dodać do sałaty i np. zabrać do pracy.

Dla 4 osób

1 cała wypatroszona ryba (ok. 1 ½ kg)
1 marchewka (ok. 100 g)
1 cebula
1 łodyga selera naciowego
1 mały pasternak
1 pęczek koperku
1 łyżka oliwy

Opłucz i osusz rybę, również w środku. Sprawdź, czy zostały usunięte wszystkie wnętrzności. Obierz warzywa i pokrój je w kostkę, posiekaj koperek. Odmierz kawałek folii aluminiowej tak duży, żeby można było w niego zawinąć całą rybę, po czym natrzyj folię z jednej strony oliwą tak, żeby ryba nie przywarła. Ułóż rybę na środku, nadziej warzywami i zamknij w folii tak, jak w sakiewce. „Szew" musi znajdować się na górze. Wstaw do piekarnika rozgrzanego do temperatury 200°C na około 30 minut. Ryba jest gotowa, kiedy mięso łatwo odchodzi od ości.

Wartość energetyczna jednej porcji ryby: 324 kcal, wartość odżywcza: 29% **białka**, 63% **tłuszczu**, 8% **węglowodanów**

łosoś pieczony

To najprostsze danie na świecie. Doskonale sprawdza się w sytuacji, gdy przy stole ma zasiąść dużo ludzi. Może być samodzielnym daniem, nadaje się też do podania na szwedzkim stole. Poniższy przepis przewidziany jest na osiem porcji, ale w zależności od sytuacji możesz proporcjonalnie zmniejszyć lub zwiększyć ilość poszczególnych składników.

Dla 8 osób

1½ kg świeżego filetu z łososia (bez ości)
sól i czarny pieprz
1 cebula (żółta)
1 czerwona cebula
natka pietruszki
cytryna

Sos:
500 ml jogurtu naturalnego
1 czerwona cebula
100 ml posiekanego koperku
50 g czerwonego kawioru
sól

Kup filet oczyszczony z łusek, w ten sposób zaoszczędzisz trochę pracy i czasu. Obierz cebule i pokrój na krążki, po czym wyłóż nimi spód naczynia żaroodpornego lub brytfanny. Opłucz filet i osusz papierowym ręcznikiem, a potem ułóż na cebuli, skórą do dołu. Natrzyj z wierzchu solą i pieprzem, skrop odrobiną soku z cytryny. Posyp posiekaną natką pietruszki. Wetknij w filet termometr i wstaw brytfannę do piekarnika rozgrzanego do temperatury 200°C. Piecz filet, aż temperatura na wbitym w rybę termometrze osiągnie około 55°C. Wyjmij brytfannę z piekarnika i odstaw na chwilę, żeby filet trochę ostygł. Świetnie smakuje również na zimno.
Podczas gdy łosoś jest w piekarniku, przygotuj sos. Drobno posiekaj cebulę i koperek. Wymieszaj z jogurtem, potem dodaj kawior i jeszcze raz zamieszaj, tym razem ostrożnie, żeby nie rozgnieść ikry. Dopraw solą i pieprzem. Pamiętaj, że kawior jest słony, być może więc solenie sosu nie będzie wcale konieczne.
Do pieczonego łososia najlepiej smakują gotowane młode ziemniaki i zielona sałata.

Wartość energetyczna jednej porcji wraz z sosem i 2 średniej wielkości ziemniakami: 434 kcal, wartość odżywcza: 27% **białka**, 42% **tłuszczu**, 31% **węglowodanów**

smażona makrela z koperkiem i sosem musztardowym

Makrela najlepiej smakuje wiosną i latem. Łowi się ją w cieśninach Skagerack, Kattegatt, w Morzu Północnym, pojawia się też w Bałtyku. Jeśli lubisz świeżą makrelę, możesz ją przyrządzać na wiele sposobów – smażyć, grillować, wędzić, a nawet gotować. Poniższy przepis usłyszałam kiedyś w radiu, i po wielu próbach i udoskonaleniach potrawa ta stała się jedną z moich ulubionych.

Dla 4 osób

4 małe makrele
sól
1 pęczek koperku
1 łyżka masła
200 ml białego wina
czarny pieprz
1 łyżka musztardy francuskiej

Wypatrosz ryby, odkrój głowy i płetwy ogonowe. (Jeśli chcesz, możesz też pokroić je na filety lub kupić po 2 gotowe). Natrzyj je wewnątrz solą i pieprzem. Pokrój koperek na kilkucentymetrowe kawałki. Rozgrzej masło na patelni, dodaj do niego koperek, a potem obsmaż ryby z każdej strony. Wlej na patelnię wino i, cały czas mieszając trzepaczką, dodawaj do niego musztardę. Smaż wszystko do momentu, aż mięso będzie odchodzić od ości. Wyłóż ryby na półmisek i polej je sosem z patelni.

Jako dodatek najlepiej smakują młode ziemniaki i szpinak pod jakąkolwiek postacią. Dobrym dodatkiem będzie też sałatka z pomidorów, najlepiej z jakimś kwaśnym składnikiem w dresingu.

Wartość energetyczna jednej porcji wraz z 2 średniej wielkości ziemniakami: 428 kcal, wartość odżywcza: 24% **białka**, 47% **tłuszczu**, 29% **węglowodanów**

śledź z patelni

Do przyrządzenia tej potrawy potrzebna jest właściwie ryba solona, ale ponieważ solony śledź ze sklepu zazwyczaj jest trochę za słony, najlepiej zrobisz, jeśli kupisz świeże filety lub ryby w całości, wypatroszone, bez głowy.

Dla 4 osób

1 kg śledzi
sól
2 łyżki masła
cytryna

Opłucz i osusz ryby. Odetnij płetwy grzbietowe. Każdego śledzia natrzyj wewnątrz solą. Na patelni roztop masło i obsmaż ryby po każdej stronie. Ostrożnie odwracaj. Kiedy będą gotowe, wyłóż na papierowy ręcznik i pozwól im trochę ostygnąć. Skrop sokiem z cytryny.
Podawaj z ziemniakami i dużą porcją surówki. Możesz też zachować je na następny dzień i zjeść na kromce dobrego gruboziarnistego chleba.

Wartość energetyczna jednej porcji: 228 kcal, wartość odżywcza: 36% **białka**, 64% **tłuszczu**, 0% **węglowodanów**

okoń smażony z kurkami

To danie kojarzy mi się z dzieciństwem, ze zbieraniem kurek, łowieniem okoni i jedzeniem na werandzie. Czyż nie brzmi to jak marzenie? Kurki możesz kupić na targu warzywnym, w ostateczności mogą też być świeże pieczarki. Jeśli nie uda ci się kupić okonia, nada się też śledź. I tak danie będzie smaczne!

Dla 4 osób

8 małych okoni
sól i pieprz
1 łyżka masła

kurki (ok. 500 ml)
1 łyżka masła
sól
biały pieprz
koperek

Oczyść ryby i pokrój na filety. Opłucz je i osusz papierowym ręcznikiem. Natrzyj solą. Oczyść kurki i pokrój na kawałki. Wrzuć na rozgrzaną patelnię bez masła – dodaj masło dopiero wówczas, gdy odparuje cała woda z kurek. (Pieczarki możesz od razu smażyć na maśle). Smaż grzyby przez chwilę na małym ogniu, pod koniec smażenia dopraw solą i świeżo zmielonym białym pieprzem, a potem odstaw na bok.

Rozgrzej drugą porcję masła na innej patelni i ułóż na nim filety. Smaż do momentu, aż będą upieczone w środku, ostrożnie je obracaj. Kiedy będą gotowe, wyłóż na papierowy ręcznik i pozwól im przez chwilę ostygnąć. Przełóż na talerze i posyp kurkami z patelni i posiekanym koperkiem.

Podawaj z młodymi ziemniakami i sałatą.

Wartość energetyczna jednej porcji wraz z 2 średniej wielkości ziemniakami: 295 kcal, wartość odżywcza: 36% **białka**, 21% **tłuszczu**, 43% **węglowodanów**

ryba z jabłkiem curry

To przepyszne danie! Lekko kwaskowate jabłko w zestawieniu z korzennym smakiem curry i słonawą rybą. Do jego przyrządzenia nadaje się właściwie każdy gatunek ryby. Zazwyczaj używam okonia, śledzia lub dorsza. Powinna to być ryba o zdecydowanym skamu, by zrównoważyć smak jabłka i curry.

Dla 2 osób

Jabłko curry:
- 1 małe jabłko pokrojone w kostkę
- ½ posiekanej czerwonej cebuli
- 25 g zielonej soczewicy (suchej) lub 50 ml ugotowanej
- 1 kostka rosołowa
- 2 łyżki oleju

2 łyżki pasty curry

lub

- 1 łyżeczka sproszkowanego imbiru
- 1 łyżeczka kurkumy
- 1 łyżeczka zmielonego kardamonu
- ew. 1 szczypta zmielonych nasion kozieradki
- 1 łyżeczka cukru trzcinowego (najlepiej Muskovado)

- 300 g filetów rybnych
- sól i pieprz
- kilka gałązek zielonej pietruszki
- 1 łyżka masła do smażenia

Umyj jabłko, rozkrój je, usuń gniazdo nasienne, a miąższ pokrój w kostkę. Obierz i posiekaj cebulę. Soczewicę ugotuj w bulionie z kostki.

Zeszklij cebulę na oleju, dopilnuj, żeby się nie zrumieniła. Dodaj do niej jabłko i ugotowaną soczewicę, potem pastę curry i wszystko dokładnie wymieszaj. Jeśli nie uda ci się kupić pasty curry, dodaj suche przyprawy: imbir, kurkumę, kardamon i odrobinę cukru. Prawdziwa pasta curry zrobiona jest z kozieradki, więc jeśli ją masz, dodaj jej szczyptę. Nie należy z nią przesadzać, ponieważ ma mocny smak. Spróbuj i ewentualnie dodaj jeszcze odrobinę.

Kiedy wszystko wymieszasz, postaw patelnię na małym ogniu.

Opłucz i osusz filety, posyp solą i pieprzem. Na każdym z nich połóż listek pietruszki, a potem złóż na pół. Możesz też pokroić filety na mniejsze kawałki. Na patelni teflonowej rozgrzej trochę masła i, na małym ogniu, smaż kawałki ryb po każdej stronie. Powinny ładnie się zrumienić. Nałóż na talerze kupkę jabłka curry, a na wierzchu ułóż porcję ryby.

Podawaj z ziemniakami i sałatą.

Wartość energetyczna jednej porcji wraz z 2 średniej wielkości ziemniakami: 486 kcal, wartość odżywcza: 31% **białka**, 34% **tłuszczu**, 35% **węglowodanów**

Warzywa na ciepło

Warzywa to ważny dodatek do każdego dania. Możesz podawać je na przystawkę lub jako część dania głównego. Świetnie sprawdzają się również na szwedzkim stole.

fasolka szparagowa z orzechami włoskimi ▷

Fasolka szparagowa jest w moim domu na stole tak często, że dzieci zaczęły nazywać ją „sałatką numer 1". Doskonale sprawdza się jako dodatek do dań z grilla, a także do niedzielnych steków. Można ją też jeść jako przekąskę.

Dla 4 osób

400 g świeżej lub mrożonej zielonej fasolki szparagowej
1 duża czerwona cebula
1 łyżeczka octu
1 łyżka oliwy
sól i czarny pieprz
40 g łuskanych włoskich orzechów

Opłucz i obierz fasolkę, jeśli jest świeża. Mrożoną rozmroź odpowiednio wcześniej. Obraną cebulę pokrój na cienkie cząstki. W miseczce wymieszaj ocet z odrobiną soli gruboziarnistej i, cały czas ubijając trzepaczką, powoli dodawaj oliwę. Na koniec dopraw dresing świeżo zmielonym pieprzem. Posiekaj orzechy. Krótko obgotuj fasolkę w osolonej wodzie, potem odcedź i od razu przelej zimną wodą. Wymieszaj fasolkę z cebulą i dresingiem. Na koniec posyp orzechami.

Wartość energetyczna jednej porcji: 121 kcal, wartość odżywcza: 12% **białka**, 68% **tłuszczu**, 20% **węglowodanów**

marchewka z imbirem

To bardzo prosta i tania sałatka, która pasuje niemal do wszystkiego. Możesz ją postawić na szwedzkim stole lub podać jako dodatek do obiadu.

Dla 6 osób

1 łyżka uprażonych nasion sezamu

600 g marchewek
1 łyżka oliwy
sól
świeżo zmielony biały pieprz
świeży imbir (ok. 2 cm)

Rozgrzej patelnię, najlepiej żeliwną i, cały czas mieszając, upraż nasiona sezamu. Uważaj, sezam szybko się przypala. Uprażone nasiona przesyp do miski. Obierz marchewki i pokrój je w słupki długie na ok. 10 cm. Rozgrzej oliwę na patelni i obsmaż marchewki. Po chwili zmniejsz ogień i smaż je do momentu, aż będą prawie miękkie – muszą jednak pozostać lekko chrupiące. Kiedy będą gotowe, przełóż na półmisek. Obierz i zetrzyj imbir, a wyciekającym z niego sokiem skrop marchewkę. Na koniec posyp ją sezamem. Podawaj letnią.

Wartość energetyczna jednej porcji: 69 kcal, wartość odżywcza: 6% **białka**, 42% **tłuszczu**, 52% **węglowodanów**

cebula i pomidory z pieca

Świeże pomidory i cebula są w całej swej prostocie prawdziwym smakołykiem. Licz po jednym pomidorze i jednej cebuli na osobę.

Dla 4 osób

4 świeże dojrzałe pomidory
1 ząbek czosnku
świeża bazylia
1 łyżka oliwy
4 cebule, czerwone lub żółte
sól i pieprz

Nastaw piekarnik na temperaturę 200°C. Opłucz pomidory. Każdy z nich natnij na krzyż od góry i lekko przyciśnij, żeby się otworzył. Posiekaj czosnek i nałóż go trochę do nacięć w pomidorach, razem z listkami bazylii. Skrop oliwą, posyp solą i pieprzem. Obetnij spody cebul tak, by mogły stać. Natnij je, podobnie jak pomidory, a do nacięć nasyp trochę soli i nalej odrobinę oliwy. Ustaw pomidory i cebule w brytfannie lub formie do ciasta, i wstaw do rozgrzanego piekarnika na około ½ godziny. Podawaj jako dodatek do potraw z grilla.

Wartość energetyczna jednej porcji: 79 kcal, wartość odżywcza: 12% **białka**, 37% **tłuszczu**, 51% **węglowodanów**

ryż z warzywami

To danie, które przyrządza się z tego, co jest pod ręką. Doskonale nadaje się do tego ryż, który został z obiadu lub kolacji. Przechowany w lodówce przez dobę nie straci zbyt wiele smaku. Dodaj do niego ulubione warzywa.

Dla 4 osób

250 ml ryżu ugotowanego na sypko
100 g zielonego groszku (mrożonego)
1 marchewka (ok. 100 g)
1 cebula
250 ml różyczek brokułu
15 cm pora
1 czerwona papryka
2 łyżki oliwy
sól i pieprz

Ugotuj ryż. Rozmroź groszek. Obierz marchewkę i pokrój w kostkę. Obierz i posiekaj cebulę. Opłucz brokuł i podziel na drobne różyczki. Rozkrój por wzdłuż i dokładnie wypłucz, a potem pokrój na paseczki. Umyj paprykę, usuń pestki i białe włókna, a miąższ pokrój w kostkę. Na patelni rozgrzej oliwę. W pierwszej kolejności podsmaż na niej cebulę z marchewką, potem dodaj różyczki brokułu, paprykę i na koniec paseczki pora. Dopraw warzywa solą i świeżo zmielonym pieprzem. Na koniec dodaj ryż i groszek, po czym wszystko dokładnie wymieszaj.

Podawaj do mięsa lub ryby.

Wartość energetyczna jednej porcji: 324 kcal, wartość odżywcza: 10% **białka**, 19% **tłuszczu**, 71% **węglowodanów**

◁ warzywa na ciepło w trzech kolorach

Potrawa, która nadaje się do każdego obiadu lub kolacji. Składa się z warzyw, które prawie zawsze masz w domu, jest bardzo dekoracyjna i łatwa w przygotowaniu. Jej kolory to biały, zielony i pomarańczowy. Najlepiej zrobisz gotując warzywa na parze, jeśli nie masz takiej możliwości, podgotuj je krótko w osolonej wodzie.

Dla 4-6 osób

Pomarańczowy: 2 duże marchewki (200 g)
Zielony: ½ główki brokułu lub 200 g zielonej fasolki szparagowej
Biały: seler, kalafior, pasternak lub pietruszka (200 g)

Umyj i obierz warzywa, a potem pokrój na jednakowej wielkości kawałki. Jeśli będziesz gotować je na parze, w dużym rondlu zagotuj kilka centymetrów wody i postaw nad parą wkład z warzywami. Gotuj każde z warzyw osobno. Powinny pozostać nieco kruche. Ugotowaną porcję odkładaj na półmisek i trzymaj w cieple, żeby nie wystygła. Jeżeli będziesz je gotować w wodzie, postępuj tak samo. Dopilnuj, żeby się nie rozgotowały. Dopraw solą i podawaj.

Wartość energetyczna jednej porcji: 49 kcal, wartość odżywcza: 23% **białka**, 9% **tłuszczu**, 68% **węglowodanów**

warzywa z woka

Jeśli nie masz woka, usmaż warzywa na patelni. Ja używam teflonowej.

Dla 4 osób

2 marchewki
½ pora
1 czerwona papryka
ok. 250 ml różyczek brokułu lub kalafiora
ok. 250 ml pokrojonej w cienkie paseczki białej kapusty
2 łyżki oleju
sól
1 łyżka sosu sojowego
1 ząbek czosnku

Umyj warzywa, obierz marchewkę. Pokrój wszystkie (oprócz czosnku) na kawałki, a kapustę na cieniutkie paseczki. Rozgrzej olej w woku lub na patelni i smaż warzywa partiami, po czym przekładaj na inną patelnię. Gdy będą gotowe, dopraw solą – uważaj, sos sojowy, który dodasz za chwilę, też jest słony. Dodaj go i wszystko wymieszaj. Posiekaj czosnek i dodaj do warzyw. Jeśli sos jest zbyt słony, rozcieńcz go odrobiną wody.

Wartość energetyczna jednej porcji: 99 kcal, wartość odżywcza: 9% **białka**, 56% **tłuszczu**, 35% **węglowodanów**

warzywa z rusztu

Kolejnym prostym sposobem na przyrządzenie smacznego dania z warzyw, jest upieczenie ich na ruszcie piekarnika. Nie musisz dodawać do nich oleju, i bez niego będą bardzo smaczne. Niezbędna będzie natomiast dobrego gatunku sól.

Dla 4 osób

6 ziemniaków
2 duże marchewki (ok. 200 g)
1 mały seler
1 mały pasternak
1 czerwona papryka
1 żółta papryka
1 cebula
rozmaryn
sól i czarny pieprz

Obierz ziemniaki, marchewkę, pasternak i seler. Umyj papryki, rozkrój je, usuń pestki i wszystkie białe włókna. Obierz cebulę i podziel na cząstki. Pozostałe warzywa pokrój na dość duże kawałki. Wyłóż papierem do pieczenia formę lub brytfannę, po czym rozłóż na niej kawałki warzyw. Posyp je rozmarynem, solą i świeżo zmielonym pieprzem. Wymieszaj, a potem wstaw do piekarnika rozgrzanego do temperatury 200°C na około 25 minut.

Wartość energetyczna jednej porcji: 121 kcal, wartość odżywcza: 11% **białka**, 3% **tłuszczu**, 86% **węglowodanów**

pieczone ćwiartki ziemniaków

Jeśli masz ochotę na same ziemniaki, przyrządzenie ich jest równie proste.

Dla 4 osób

6 dużych ziemniaków
sól i świeżo zmielony biały pieprz

Obierz ziemniaki i podziel na cząstki. Wyłóż blachę papierem do pieczenia i równomiernie rozłóż na niej kawałki ziemniaków. Posyp solą i świeżo zmielonym pieprzem, po czym umieść blachę w górnej części piekarnika i piecz ziemniaki około 25 minut. Możesz podać je z innymi warzywami, np. podsmażonymi liśćmi szpinaku. To moja ulubiona kompozycja.

Wartość energetyczna jednej porcji: 133 kcal, wartość odżywcza: 10% **białka**, 1% **tłuszczu**, 89% **węglowodanów**

◁ placki warzywne

Placki możesz usmażyć nie tylko z ziemniaków. Dodaj do nich inne warzywa.

Dla 4 osób

4 ziemniaki
2 marchewki
1 pasternak
kawałek selera
1 cebula
sól i pieprz
2 łyżki oleju
1 łyżka masła

Obierz warzywa i zetrzyj na tarce. Jeśli używasz robota kuchennego, nie ścieraj w nim cebuli, bo zrobi się gorzka. Zetrzyj ją ręcznie na tarce. Starte warzywa wymieszaj w misce, dopraw solą i pieprzem. Na patelni teflonowej rozgrzej olej i masło. Formuj z masy warzywnej niewielkie placki i smaż na średnim ogniu. Do smażenia użyj drewnianej łopatki. Spłaszczaj nią placki, żeby były cienkie i chrupiące. Ostrożnie je odwracaj i smaż po drugiej stronie. Gotowe kładź na papierowym ręczniku, by odsączyć nadmiar tłuszczu.

Podawaj je zaraz po usmażeniu.

Wartość energetyczna jednej porcji: 174 kcal, wartość odżywcza: 6% **białka**, 45% **tłuszczu**, 49% **węglowodanów**

placki z koprem włoskim i czerwoną cebulą

Jeśli dodasz do ziemniaków koper włoski i czerwoną cebulę, placki będą miały ciekawy, zupełnie nowy smak.

Dla 4 osób

6 ziemniaków
1 mała bulwa kopru włoskiego
1 czerwona cebula
sól i pieprz
2 łyżki oleju
1 łyżka masła

Obierz ziemniaki i zetrzyj na tarce o grubych oczkach. Opłucz bulwę kopru włoskiego i zdejmij jej zewnętrzne łuski. Rozkrój i usuń rdzeń, jeśli jest twardy, resztę pokrój na możliwie jak najcieńsze paseczki. Obierz cebulę i pokrój w taki sam sposób. Wymieszaj warzywa w misce, dopraw solą i pieprzem. Na teflonowej patelni rozgrzej olej i masło. Formuj z masy warzywnej niewielkie placki i smaż jeden po drugim, na średnim ogniu. Spłaszczaj placki drewnianą łopatką, żeby były cienkie i chrupiące. Przewracaj ostrożnie, żeby się nie rozpadły.

Wartość energetyczna jednej porcji: 153 kcal, wartość odżywcza: 10% **białka**, 51% **tłuszczu**, 39% **węglowodanów**

młoda kapusta z porem i jabłkiem

Do przyrządzenia tej potrawy możesz też użyć zwykłej białej kapusty lub włoskiej, choć obie muszą smażyć się trochę dłużej. Młoda kapusta jest bardziej krucha i przyrządzenie jej zajmuje mniej czasu. Każdy rodzaj kapusty pasuje do dań z wieprzowiny, szczególnie smaczna jest z dodatkiem kwaskowatego jabłka. Świetnie smakuje też w daniach wegetariańskich z dodatkiem ryżu i soczewicy.

Dla 4 osób

½ główki młodej kapusty
15 cm pora
2 łyżki dobrego oleju
1 kwaśne jabłko
sól i pieprz

Opłucz warzywa, rozkrój por wzdłuż na pół i pokrój na cieniutkie paseczki. Drobno poszatkuj kapustę. Włóż por i kapustę do sita i jeszcze raz przepłucz zimną wodą. Odstaw na bok, żeby ociekły. Na patelni, najlepiej teflonowej, rozgrzej olej i szybko obsmaż warzywa. Po chwili zmniejsz ogień i smaż jeszcze chwilę. Umyj jabłko, rozkrój i usuń gniazdo nasienne. Nie obieraj go. Zetrzyj na tarce o grubych oczkach, po czym dodaj do warzyw. Dokładnie wymieszaj i smaż jeszcze kilka minut. Na koniec dopraw solą i pieprzem.

Wartość energetyczna jednej porcji: 102 kcal, wartość odżywcza: 8% **białka**, 53% **tłuszczu**, 39% **węglowodanów**

zapiekany por ▷

Por to bezpretensjonalne warzywo, które nadaje się jako dodatek do większości potraw. Wystarczy kilka plasterków pora, by poprawić smak całego dania. Świetnie smakuje również osobno, jak w tym przepisie – lekko obgotowany i upieczony. To doskonały dodatek do wszystkich dań.

Dla 4 osób

1 por
2 łyżki startego żółtego sera (ok. 17% tłuszczu)

Dokładnie opłucz por, podziel na cztery kawałki, natnij każdy z nich wzdłuż i jeszcze raz dokładnie opłucz w środku. W rondlu zagotuj lekko osoloną wodę i włóż do niej kawałki pora na 1 minutę. Wyjmij i odsącz. Przełóż do naczynia żaroodpornego z łyżką wody na dnie i posyp startym serem. Piecz w temperaturze 200°C 15 minut.

Wartość energetyczna jednej porcji: 44 kcal, wartość odżywcza: 33% **białka**, 30% **tłuszczu**, 37% **węglowodanów**

kalafior à la greque

Greckim akcentem tej potrawy są pomidory. Podano mi ją z dala od Grecji, ale i tak nazywała się à la greque. Świetnie smakuje z wędzoną szynką.

Dla 4-6 osób

1 kalafior
4 pomidory śliwkowe
1 cebula
1 łyżka oliwy
1 ząbek czosnku
50 ml posiekanej natki pietruszki
50 ml posiekanego oregano
sól i czarny pieprz

Włóż kalafior do miski napełnionej zimną wodą z dodatkiem łyżki octu. Odstaw na chwilę, by wyszły z niego ewentualne owady. Opłucz dokładnie pod bieżącą zimną wodą. Umyj pomidory i pokrój na kawałki. Obierz cebulę i grubo posiekaj, a potem lekko podsmaż na oliwie, na małym ogniu. Nie powinna się zrumienić. Do cebuli dodaj pomidory i pozwól im się przez chwilę powolutku dusić. Posiekaj czosnek, oregano i pietruszkę, po czym dodaj wszystko do pomidorów. Dopraw solą, pieprzem i odstaw.

W dużym garnku zagotuj wodę i zanurz w niej kalafior. Gotuj 5 minut, potem wyjmij, odsącz i przełóż do naczynia żaroodpornego. Polej sosem. Wstaw do piekarnika i zapiekaj około 15 minut. Sprawdzaj wykałaczką, czy jest upieczony w środku. Podaj go zaraz po upieczeniu.

Wartość energetyczna jednej porcji: 80 kcal, wartość odżywcza: 15% **białka**, 37% **tłuszczu**, 48% **węglowodanów**

zapiekany koper włoski

Koper włoski (fenkuł) ma specyficzny posmak lukrecji. Przyrządzam go bardzo często. Zapiekany z serem będzie przyjemnym dodatkiem do innej potrawy.

Dla 4 osób

1 bulwa kopru włoskiego
2 łyżki startego żółtego sera
sól

Umyj fenkuł i przekrój wzdłuż na 4-6 kawałków. Obierz koper i usuń rdzeń, jeśli jest twardy. Zagotuj lekko osoloną wodę i włóż do niej kawałki kopru na kilka minut aby zmiękły. Wyjmij je i odsącz. Przełóż do naczynia żaroodpornego z łyżką wody na dnie i z wierzchu posyp startym serem. Wstaw do piekarnika rozgrzanego do temperatury 200°C na około 10 minut. Zapiekaj razem z zielonymi gałązkami, one też mają smak lukrecji.

Wartość energetyczna jednej porcji: 42 kcal, wartość odżywcza: 44% **białka**, 35% **tłuszczu**, 21% **węglowodanów**

sałatka z buraczków i koziego sera

Przepis ten wymyśliłam w pewne święta, gdy gościliśmy w domu wielu wegetarian. Ciepłe czerwone buraczki, roztopiony kozi ser, odrobina miodu i prażone orzeszki piniowe. Bardzo się zdziwiłam, gdy po jakimś czasie odkryłam, że podobną sałatkę podaje wiele restauracji, a przepis na nią znaleźć można w książkach kucharskich. Najwyraźniej jest to danie na czasie. Pasuje do niezliczonych potraw!

Dla 4 osób

1 pęczek młodych czerwonych buraczków
120 g koziego sera
50 g orzeszków piniowych
1 łyżka miodu
ruccola

Wyszoruj buraczki, odetnij liście. Obierz ze skórki, potem rozkrój na pół lub ćwiartki i ułóż na blasze wyłożonej papierem do pieczenia. Rozgrzej piekarnik do temperatury 175°C i piecz buraczki około ½ godziny. Wyjmij blachę, posyp je pokruszonym kozim serem i ponownie wsuń do piekarnika na kilka minut. Upraż orzeszki piniowe na suchej patelni, cały czas mieszając, ponieważ szybko się przypalają. Wyjmij buraczki z roztopionym serem, rozłóż je na talerzach, posyp orzeszkami, polej odrobiną miodu i udekoruj listkami ruccoli.

Wartość energetyczna jednej porcji: 241 kcal, wartość odżywcza: 18% **białka**, 58% **tłuszczu**, 24% **węglowodanów**

fasola w sosie pomidorowym

Fasola w pomidorowym sosie kojarzy się z jedzeniem z puszki. Jednak sos przygotowany w domu ma zupełnie inny smak.

200 g suchej białej fasoli lub 400 g fasoli z puszki
1 łyżeczka nasion kopru włoskiego

1 cebula
2 ząbki czosnku
2 łyżki drobno posiekanej natki pietruszki
2 łyżki oliwy
1 puszka pomidorów (całych)
1 papryczka chili
1 łyżka cukru trzcinowego (najlepiej Muscovado)
przyprawa typu vegeta lub warzywko
sól i pieprz

Mocz fasolę co najmniej 8 godzin, potem wymień wodę, posól i ugotuj fasolę na małym ogniu. Jeśli dorzucisz do niej kilka nasion kopru włoskiego, stanie się nieco lżejsza do strawienia. Ugotowanie jej do miękkości zajmie ok. 40 minut, zaglądaj jednak co jakiś czas do garnka, żeby się nie rozgotowała. Jeśli używasz fasoli z puszki, dokładnie ją wypłucz w zimnej wodzie.

Obierz i posiekaj cebulę i czosnek, po czym podsmaż je lekko na oliwie. Dodaj pomidory i gotuj sos powoli, na bardzo małym ogniu. Opłucz papryczkę chili, rozkrój ją, usuń nasiona i białe włókna, a miąższ drobno posiekaj. Zaraz po tym umyj deskę do krojenia, nóż i ręce. Małymi porcjami dodawaj papryczkę do sosu, próbując, czy nie jest zbyt ostry. Papryczki chili, w zależności od miejsca pochodzenia i odmiany, mogą się od siebie różnić stopniem ostrości. Dodaj jej więc tyle, ile uznasz za stosowne. Równoważ jej ostry smak dodając cukier trzcinowy. Jeśli uznasz, że sos wymaga doprawienia, możesz dodać trochę przyprawy typu vegeta. Gdy sos będzie już gotowy, dodaj do niego fasolę, wymieszaj i posyp posiekaną natką pietruszki. Zdejmij patelnię lub rondel z ognia, ponieważ fasola mogłaby się rozgotować.

Fasolę w sosie możesz przechowywać w lodówce kilka dni.

Wartość energetyczna całego dania: 953 kcal, wartość odżywcza: 22% **białka**, 26% **tłuszczu**, 52% **węglowodanów**

Smakowite dodatki

Zarówno proste obiady, jak i dania przygotowywane na większe przyjęcia są o wiele atrakcyjniejsze, gdy towarzyszą im różnorodne dodatki. Chrupiące surówki, smaczne sosy i dipy urozmaicą smak każdej potrawy. Zwyczajny sos warzywny nada wykwintnego charakteru najprostszemu choćby posiłkowi. Wybieraj więc, próbuj, eksperymentuj i znajdź swoje ulubione dodatki!

sałatka z żółtych i czerwonych pomidorów

Niewiele jest rzeczy równie smacznych, jak dojrzałe, świeże pomidory. Poniżej znajdziesz przepis na smaczną sałatkę z małych pomidorków, którą możesz postawić na stole przy każdej okazji.

Dla 2 osób

1 mała czerwona cebula
natka pietruszki
sól morska
1 łyżeczka octu winnego
1 łyżka oliwy
świeżo zmielony czarny pieprz
7 małych żółtych pomidorków
7 małych czerwonych pomidorków

Drobno posiekaj cebulę, natkę pietruszki pokrój nieco grubiej. Przesyp cebulę do miski, dodaj sól i ocet. Odstaw na chwilę, a potem dodaj oliwę i wymieszaj trzepaczką. Opłucz pomidorki, rozkrój na pół i włóż do miski z dresingiem. Wszystko dobrze wymieszaj. Na koniec posyp świeżo zmielonym pieprzem i natką pietruszki.

Wartość energetyczna jednej porcji: 88 kcal, wartość odżywcza: 7% **białka**, 62% **tłuszczu**, 31% **węglowodanów**

sałata z dresingiem koperkowym

To przepis, którego nauczyłam się od pewnej znanej autorki książek kucharskich, kiedy wspólnie nagrywałyśmy audycję radiową. Od tej pory podaję ją przy różnych okazjach i zawsze cieszy się ona dużym uznaniem. Cała tajemnica tkwi w dresingu.

Dla 4 osób, choć, jako jedna z wielu różnych dodatków wystarczy dla większej liczby gości.

100 ml drobno posiekanego koperku
2 łyżki oliwy
2 łyżeczki octu winnego
2 łyżki musztardy francuskiej
1 litr liści różnych rodzajów sałaty: zwykłej zielonej, strzępiastej, ruccoli, szpinaku i czego jeszcze chcesz

Drobno posiekaj koperek. Energicznie wymieszaj trzepaczką oliwę, ocet i musztardę. Dodaj koperek. Opłucz liście sałaty i osusz na ściereczce. Przełóż je później do dużej miski, polej dresingiem i wymieszaj.

Wartość energetyczna jednej porcji: 76 kcal, wartość odżywcza: 9% **białka**, 76% **tłuszczu**, 15% **węglowodanów**

sałatka letnia

Późną wiosną i latem można przebierać wśród zastawionych świeżymi warzywami straganów. Łagodna marynata to wszystko, czego potrzeba, by nowalijki o niepełnym jeszcze smaku zamieniły się w doskonałą sałatkę.

Dla 4 osób

pęczek młodych marchewek, ok. 5 szt. (300 g)
kilka garści groszku cukrowego (ok. 150 g)
1 pęczek zielonej cebulki, ok. 7 szt.
100 ml listków boćwiny
100 ml listków czerwonych buraczków
2 łyżki oliwy
sok wyciśnięty z ½ cytryny
sól i świeżo zmielony biały pieprz

Umyj marchewki i odetnij natkę. Możesz pozostawić na nich króciutkie ogonki. Opłucz groszek cukrowy i jeśli trzeba, obetnij ogonki. Oczyść cebulkę, usuń jej zewnętrzne łuski i trochę ją przytnij, potem rozkrój każdą z nich wzdłuż i pokrój na kawałki długości ok. 5 cm. Porozdzielaj ich warstwy.

Opłucz listki boćwiny i buraczków. W misce wymieszaj oliwę z sokiem z cytryny, dodaj trochę soli i pieprzu, po czym energicznie ubij trzepaczką, żeby powstał dresing. Włóż do miski marchewki, groszek i cebulkę, dobrze wymieszaj i odstaw na pół godziny. Tuż przed podaniem ułóż na wierzchu sałatki liście boćwiny i buraczków.

Sałatka letnia doskonale nadaje się na przystawkę, zwłaszcza do dań z grilla.

Wartość energetyczna jednej porcji: 133 kcal, wartość odżywcza: 8% **białka**, 43% **tłuszczu**, 49% **węglowodanów**

sałata kolorowa

Jeśli danie główne ma jednostajny, nieciekawy kolor, np. kurczak lub gotowana ryba, to dobrym dodatkiem będzie kolorowa sałata. To bardzo proste, wystarczy wymieszać ze sobą różnokolorowe liście kilku sałat. Jako podstawy użyj sałaty lodowej lub zwykłej zielonej, potem dodaj dostępne w danym sezonie inne jej rodzaje, np. o bordowych liściach. Kolejnym dodatkiem powinna być papryka w trzech kolorach i małe pomidorki. Umyj liście wszystkich sałat i osusz je na ściereczce. Porwij na mniejsze kawałki i wsyp do miski. Opłucz pomidorki, rozkrój każdy z nich na pół, potem umyj papryki, usuń z nich pestki i wszystkie białe włókna, a miąższ pokrój na kawałki. Wymieszaj pomidory i paprykę z sałatą. Skrop sokiem z ćwiartki cytryny i posyp dobrą solą gruboziarnistą. Jest to krucha, chrupiąca sałata, kontrastująca z jedzeniem jasnym i miękkim.

Surowe przystawki

Początkiem każdego, jakiegokolwiek posiłku powinna być przystawka z surowych warzyw (franc. crudités), czyli świeżych kawałków warzyw do chrupania, podanych zanim skończy się gotować danie główne. Nawet dzieciom smakują niektóre z nich. Warzywa powinny być umyte, ew. obrane i pokrojone na kawałki wielkości jednego kęsa. Żeby było ciekawiej, możesz podać je w szklankach. Przy wyborze warzyw kieruj się sezonem i własnym smakiem.

marchewki

Obierz je i pokrój na kawałki długości około 10 cm. Rozkrój każdy z nich wzdłuż. Młode marchewki podaje się w całości, wystarczy je porządnie wyszorować.

seler naciowy

Jest kruchy, ale może być nieco gorzki. Jeśli zewnętrzna warstwa jest włóknista, obierz łodygi selera nożykiem do ziemniaków. Pokrój każdą z nich na 10 cm kawałki i porozcinaj je wzdłuż.

groszek cukrowy

Opłucz go i poodcinaj szypułki. Groszek cukrowy jest smaczny pod każdą postacią. Można go również wyhodować np. na balkonie.

różyczki kalafiora

Opłucz kalafior i podziel na drobne różyczki. Do jedzenia nadaje się też głąb. Ma nieco mocniejszy smak.

papryka

Na przystawkę nadają się wszystkie jej kolory. Umyj paprykę, rozkrój, usuń pestki i wszystkie białe włókna, a miąższ pokrój w paseczki. Papryka często znika pierwsza.

Sosy i dipy

Smak warzyw, zarówno surowych, jak i gotowanych, urozmaici smaczny sos lub dip. Prosty dip przyrządzam właściwie ze wszystkiego, co mam pod ręką w danym sezonie. Sosy bardziej skomplikowane przygotowuję do bardziej wystawnych obiadów, kolacji lub przyjęć organizowanych latem.

dipy

Użyj jogurtu naturalnego, ewentualnie z dodatkiem śmietany i dopraw go według uznania. Dobrym dodatkiem jest limonka. Umyj ją i zetrzyj skórkę na tarce. Dodaj do jogurtu wraz z odrobiną soku. Do dipów doskonale nadaje się również czosnek. Ja go drobno siekam, ale równie dobrze możesz go wycisnąć przez praskę. Poza tym możesz do jogurtu dodać posiekane świeże zioła, które nadadzą mu ładny zielony kolor. Wybierz te, które lubisz najbardziej: np. estragon, bazylię, oregano lub tymianek. Jeśli nie masz świeżych ziół, mogą być suszone. Wyrafinowany smak nada dipowi musztarda francuska, zwłaszcza w połączeniu z suszonym estragonem. Kolejnym klasykiem jest papryczka chili, najlepiej z dodatkiem musztardy i estragonu. Każdy dip możesz oczywiście doprawić solą i pieprzem.

tzatziki

Ten znany wszystkim jogurtowy sos pasuje do wielu potraw – z grilla, z piekarnika, do mięsa, ryb i warzyw. Używam do niego tłustszego jogurtu niż zwykle, najlepszy oczywiście jest 10-procentowy jogurt grecki.

Dla 6 osób

15 cm ogórka
250 ml greckiego jogurtu 10-procentowego
1 łyżka oliwy
1-2 ząbki czosnku
sól i pieprz

Obierz ogórek, zrób to niedbale, możesz pozostać na nim trochę skórki, a potem zetrzyj na tarce o grubych oczkach. Odciśnij sok. W misce wymieszaj jogurt, oliwę, wyciśnięty przez praskę czosnek oraz ogórek. Dopraw solą i pieprzem. Jeśli chcesz, możesz dodać więcej czosnku.

Wartość energetyczna całości: 600 kcal, wartość odżywcza: 75% **białka**, 10% **tłuszczu**, 15% **węglowodanów**

hummus

Jednym z najsmaczniejszych dipów jest oczywiście hummus. Ryzyko z nim związane polega na tym, że możesz zjeść go samego, zanim zanurzysz w nim jedzenie. Można go kupić w sklepach ze zdrową żywnością lub dobrze wyposażonych delikatesach. Dość trudno go przygotować w domu, choć nie jest to oczywiście niemożliwe.

Na porcję 450 g

200 g suchej cieciorki
200 ml pasty sezamowej Tahini
1 cytryna
1-3 ząbki czosnku
1 łyżka oliwy
1 łyżeczka słodkiej papryki
50 ml posiekanej natki pietruszki

Wsyp cieciorkę do rondla, zalej ją wodą i mocz przez całą noc. Zmień wodę i gotuj ją bez soli 40-60 minut. Co jakiś czas do niej zaglądaj i pilnuj, żeby się nie rozgotowała. Powinna być miękka i zachować swój orzechowy smak. Kiedy będzie już gotowa, zmiksuj ją, dodając trochę wody lub bulionu. Dodaj pastę sezamową i sok z cytryny, potem czosnek i wszystko dokładnie wymieszaj. Przełóż humus do miski lub głębokiego półmiska, zrób na środku dołek i wlej do niego oliwę. Na koniec posyp go sproszkowaną papryką i posiekaną natką pietruszką.

Wartość energetyczna całej porcji: 1917 kcal, wartość odżywcza: 16 **białka**, 56% **tłuszczu**, 28% **węglowodanów**

guacamole

Guacamole można przygotować na wiele sposobów. Czasem dodaje się do sosu pomidory, a nawet gęstą kwaśną śmietanę, jednak moim zdaniem najlepiej smakuje wariant najprostszy, z samym tylko czosnkiem i sokiem z cytryny. Jeśli przy stole jest wiele osób, jedna porcja nie wystarczy na długo, możesz jednak zrobić go od razu więcej, zachowując proporcje składników.

Na porcję 135 g

1 awokado
2-3 łyżeczki soku z cytryny
1 ząbek czosnku
sól i pieprz

Rozkrój awokado, usuń pestkę, a miąższ wydrąż łyżką i przełóż do miski. Rozmiażdż widelcem na gładką masę. Dodaj sok z cytryny i dobrze wymieszaj. Drobno posiekaj czosnek i dodaj do masy. Dopraw solą i pieprzem.

Wartość energetyczna całej porcji: 201 kcal, wartość odżywcza: 5% **białka**, 81% **tłuszczu**, 14% **węglowodanów**

sałatka colesław

To prawdziwie uwodzicielski sposób podania białej kapusty z marchewką. Chłodna sałatka świetnie smakuje jako dodatek do dań smażonych i z grilla.

½ główki kapusty
2 marchewki
150 ml jogurtu naturalnego (najlepiej tureckiego 10-procentowego)
2 łyżki domowego majonezu (przepis na str. 125)
1 łyżka musztardy francuskiej
1 łyżka świeżo wyciśniętego soku z cytryny
sól i świeżo zmielony pieprz

Opłucz kapustę, rozkrój ją, wytnij głąb i usuń najgrubsze zewnętrzne liście. Połówkę kapusty drobno poszatkuj. Obierz marchewki i zetrzyj je na tarce o grubych oczkach, po czym przełóż ją wraz z kapustą do dużego naczynia i zalej zimną wodą.

Wymieszaj jogurt z majonezem, musztardą i sokiem z cytryny, dopraw solą i pieprzem. Dobrze odsącz kapustę z marchewką, a potem wymieszaj z dresingiem. Dobrze wymieszaną sałatkę wstaw na jakiś czas do lodówki.

Wartość energetyczna całej porcji: 572 kcal, wartość odżywcza: 9% **białka**, 62% **tłuszczu**, 29% **węglowodanów**

surówka z selera

To jeden z moich ulubionych francuskich przepisów. Surówkę często przyrządza się z majonezem, ale moim zdaniem jest wtedy zbyt tłusta. Można dodać go troszkę do smaku, ponieważ dobrze komponuje się ze smakiem selera. Dobrze sprawdza się też jako dodatek do dań z grilla, a także na świątecznym stole.

Dla 6 osób

1 średniej wielkości seler
25 g orzechów włoskich
100 ml jogurtu (najlepiej 10-procentowego)
1 łyżka domowego majonezu
1 łyżka musztardy francuskiej
natka pietruszki
1 kwaśne jabłko (ok. 100 g)
sól i czarny pieprz

Pokrój seler na cienkie plasterki, obierz każdy z nich nożykiem do ziemniaków, a potem pokrój na cieniutkie paseczki. Wrzuć je do gotującej wody na 1 minutę, potem szybko odcedź i opłucz lodowatą wodą.

Posiekaj orzechy. Wymieszaj jogurt z majonezem (przepis na str. 125) i posiekaną pietruszką. Obierz jabłko i zetrzyj je na tarce o grubych oczkach. Wymieszaj wszystkie składniki, dopraw solą i świeżo zmielonym pieprzem, a na koniec udekoruj listkami pietruszki i orzechami.

Wartość energetyczna jednej porcji: 94 kcal, wartość odżywcza: 9% **białka**, 63% **tłuszczu**, 28% **węglowodanów**

domowy majonez

Domowego majonezu nie da się porównać z tym ze sklepu. Uważam, że jest on o wiele smaczniejszy, choć jest to oczywiście kwestia gustu. Jego najważniejszą zaletą jest to, że wiesz z czego się składa. Starając się kupować produkty jak najbardziej podstawowe masz gwarancję, że jedzenie z nich przygotowane nie zawiera żadnych dodanych substancji. Przygotowując majonez w domu możesz eksperymentować, by w końcu znaleźć odpowiadające ci proporcje i ulubiony smak. Ja do majonezu dodaję sok z limonki i musztardę z dodatkiem papryczki chili. Olej powinien być neutralny, oliwa zupełnie się nie nadaje. Najlepszy będzie neutralny olej rzepakowy. Znalezienie odpowiadających mi proporcji składników zajęło mi kilka lat. Spróbuj!

1 żółtko
1 łyżka świeżo wyciśniętego soku z limonki lub cytryny
1 łyżka musztardy
1 łyżeczka soli
pieprz kajeński lub świeżo zmielony pieprz kolorowy
400 ml oleju

Oddziel żółtko od białka, żółtko wlej do miski o okrągłym dnie. Połóż ją na wilgotnej ściereczce, żeby się nie przesuwała. Do żółtka dodaj sok z limonki, musztardę, sól i pieprz. Wymieszaj. Teraz nadszedł czas na powolne dodawanie oleju. Użyj spiralnej trzepaczki i energicznie ubijaj majonez, aż zgęstnieje. Cały czas cienką strużką wlewaj olej. Jeśli majonez się zetnie, co może się zdarzyć każdemu, zacznij od nowego żółtka, a potem, energicznie ubijając, małymi porcjami dodawaj ścięty majonez. Jeśli gotowy majonez wyda ci się zbyt gęsty, możesz rozrzedzić go zimną wodą. Delektuj się majonezem w małych ilościach.

Wartość energetyczna jednej łyżki stołowej majonezu: 120 kcal, wartość odżywcza: 1% **białka**, 99% **tłuszczu**, 0% **węglowodanów**

domowe pesto

Pesto to jeden z tych dodatków, które uprzyjemniają nam życie. Podobnie jak majonez, składa się głównie z tłuszczu, ale pomimo tego należy mu się trochę miejsca w jadłospisie. Pesto kuchni śródziemnomorskiej charakteryzuje się smakiem tamtejszych upraw, natomiast przepis poniższy zawiera nieco bardziej swojskie smaki.

duży pęczek zielonej pietruszki
100 ml łuskanych orzechów laskowych
4 ząbki czosnku
100 g twardego żółtego sera
sól i czarny pieprz
oliwa lub olej rzepakowy

Opłucz pietruszkę i poobrywaj listki (zachowaj łodyżki, dobrze jest mieć je w zamrażarce). Włóż listki do miski i drobno potnij nożyczkami. Pocięte w ten sposób lepiej zachowują smak i strukturę, niż zmiksowane lub drobno posiekane. Zmiel orzechy i wymieszaj z pietruszką, potem dodaj drobno posiekany czosnek i ser starty na tarce o drobnych oczkach. Dodaj trochę oleju i wymieszaj wszystkie składniki, aż powstanie w miarę gęsta masa. Dopraw pesto solą i pieprzem. Jeśli zamkniesz je w słoiku, może stać w lodówce tak długo, aż zostanie zjedzone.

Wartość energetyczna jednej łyżki pesto: 71 kcal, wartość odżywcza: 11% **białka**, 84% **tłuszczu**, 5% **węglowodanów**

Indeks